吴越人家

吴越文化特色与形态

肖东发 主编 唐 容 编著

中国出版集团

现代出版社

图书在版编目（CIP）数据

吴越人家：吴越文化特色与形态 / 唐容编著. —
北京：现代出版社，2014.5（2019.1重印）
　　ISBN 978-7-5143-2380-1

　　Ⅰ．①吴… Ⅱ．①唐… Ⅲ．①文化史－华东地区
Ⅳ．①K295

　　中国版本图书馆CIP数据核字(2014)第086408号

吴越人家：吴越文化特色与形态

主　　编：肖东发
作　　者：唐　容
责任编辑：王敬一
出版发行：现代出版社
通信地址：北京市定安门外安华里504号
邮政编码：100011
电　　话：010-64267325　64245264（传真）
网　　址：www.1980xd.com
电子邮箱：xiandai@cnpitc.com.cn
印　　刷：三河市华晨印务有限公司
开　　本：710mm×1000mm　1/16
印　　张：10
版　　次：2015年4月第1版　2021年3月第4次印刷
书　　号：ISBN 978-7-5143-2380-1
定　　价：29.80元

党的十八大报告指出："文化是民族的血脉，是人民的精神家园。全面建成小康社会，实现中华民族伟大复兴，必须推动社会主义文化大发展大繁荣，兴起社会主义文化建设新高潮，提高国家文化软实力，发挥文化引领风尚、教育人民、服务社会、推动发展的作用。"

我国经过改革开放的历程，推进了民族振兴、国家富强、人民幸福的中国梦，推进了伟大复兴的历史进程。文化是立国之根，实现中国梦也是我国文化实现伟大复兴的过程，并最终体现为文化的发展繁荣。习近平指出，博大精深的中国优秀传统文化是我们在世界文化激荡中站稳脚跟的根基。中华文化源远流长，积淀着中华民族最深层的精神追求，代表着中华民族独特的精神标识，为中华民族生生不息、发展壮大提供了丰厚滋养。我们要认识中华文化的独特创造、价值理念、鲜明特色，增强文化自信和价值自信。

如今，我们正处在改革开放攻坚和经济发展的转型时期，面对世界各国形形色色的文化现象，面对各种眼花缭乱的现代传媒，我们要坚持文化自信，古为今用、洋为中用、推陈出新，有鉴别地加以对待，有扬弃地予以继承，传承和升华中华优秀传统文化，发展中国特色社会主义文化，增强国家文化软实力。

浩浩历史长河，熊熊文明薪火，中华文化源远流长，滚滚黄河、滔滔长江，是最直接的源头，这两大文化浪涛经过千百年冲刷洗礼和不断交流、融合以及沉淀，最终形成了求同存异、兼收并蓄的辉煌灿烂的中华文明，也是世界上唯一绵延不绝而从没中断的古老文化，并始终充满了生机与活力。

中华文化曾是东方文化摇篮，也是推动世界文明不断前行的动力之一。早在500年前，中华文化的四大发明催生了欧洲文艺复兴运动和地理大发现。中国四大发明先后传到西方，对于促进西方工业社会的形成和发展，曾起到了重要作用。

中华文化的力量，已经深深熔铸到我们的生命力、创造力和凝聚力中，是我们民族的基因。中华民族的精神，也已深深植根于绵延数千年的优秀文化传统之中，是我们的精神家园。

总之，中华文化博大精深，是中国各族人民五千年来创造、传承下来的物质文明和精神文明的总和，其内容包罗万象，浩若星汉，具有很强的文化纵深，蕴含丰富宝藏。我们要实现中华文化伟大复兴，首先要站在传统文化前沿，薪火相传，一脉相承，弘扬和发展五千年来优秀的、光明的、先进的、科学的、文明的和自豪的文化现象，融合古今中外一切文化精华，构建具有中国特色的现代民族文化，向世界和未来展示中华民族的文化力量、文化价值、文化形态与文化风采。

为此，在有关专家指导下，我们收集整理了大量古今资料和最新研究成果，特别编撰了本套大型书系。主要包括独具特色的语言文字、浩如烟海的文化典籍、名扬世界的科技工艺、异彩纷呈的文学艺术、充满智慧的中国哲学、完备而深刻的伦理道德、古风古韵的建筑遗存、深具内涵的自然名胜、悠久传承的历史文明，还有各具特色又相互交融的地域文化和民族文化等，充分显示了中华民族的厚重文化底蕴和强大民族凝聚力，具有极强的系统性、广博性和规模性。

本套书系的特点是全景展现，纵横捭阖，内容采取讲故事的方式进行叙述，语言通俗，明白晓畅，图文并茂，形象直观，古风古韵，格调高雅，具有很强的可读性、欣赏性、知识性和延伸性，能够让广大读者全面接触和感受中国文化的丰富内涵，增强中华儿女民族自尊心和文化自豪感，并能很好继承和弘扬中国文化，创造未来中国特色的先进民族文化。

2014年4月18日

文明开化——古老历史

守护之魂——江浙拾英

文化之光——吴越神韵

古老历史

　　吴越文化是长江下游的区域文化，其地域以太湖、钱塘江流域为中心，东临大海，北临长江，西望鄱阳平原，南界雁荡山脉。

　　吴越文化起源于长江下游地区。原始人类最初主要在宁镇丘陵地区，旧石器时代晚期扩大到太湖流域。

　　至新石器时代，太湖流域创造了发达的新石器文化，如跨湖桥文化、马家浜文化、河姆渡文化、崧泽文化和良渚文化等，它们发达的制陶业、水稻种植业、玉器雕琢等表现了显著的区域文化特色。

汤山葫芦洞内的南京猿人

早在35万年前，原始人类就已经在宁镇山脉地区活动，如南京猿人。

旧石器时代晚期，率先进入杭嘉湖平原和长江三角洲平原边缘地带的古人类，如江苏下草湾人、溧阳神仙洞人、丹徒高资人等，开始

旧石器时代生活场景

了初期的制作陶器甚至可能已有原始农业活动，在溧水神仙洞和太湖三山岛都发现过已经细化的旧石器遗存或人类骨骼以及大约1万年前的陶制品。

■ 汤山猿人头盖骨

南京猿人化石，发现地点位于南京城东约30千米处江宁县汤山镇雷公山葫芦洞。该洞全长64米，宽25米，面积约1600平方米。在洞内南侧的小支洞发现两具直立人头骨化石，一枚直立人臼齿化石。

据考证，南京人生活的地质时代为中更新世中期，距今35万年左右，在体质发展阶段上应属于人类演化的直立人阶段。南京人在我国古人类演化序列中的位置，应在北京人时期偏晚的阶段，而早于安徽和县人。

南京猿人一号头骨保存基本完整，有基本完整的面骨、眉嵴骨、额骨和顶骨及部分枕骨，可以复原成一具完整的猿人头骨面貌。

从这具头骨上可看出，该人头骨骨壁较厚，达近10毫米，比现代人的骨壁要厚，眉骨像屋檐一样向前突出且显得比较粗壮，鼻骨窄而尖，吻部明显前伸，枕骨也比较粗壮且突出。

这些体格上的特征都是属于"猿人"明显的特征。另一具头骨保存较残，仅保存了一个完整的头顶骨，形似一个倒放的"瓢"，从体质特征看，骨壁比

和县人 发现于安徽和县陶店镇汪家山北坡的龙潭洞的直立人化石，包括一个近乎完整的头盖骨、两块头骨碎片、一块下颌骨碎片和9颗单个牙齿。头盖骨属一青年男性个体，有许多特征和北京人相似，但又具有若干较北京人进步的特征。这表明和县人是直立人中的进步类型，可能与北京人中的较晚者相当。

■ 旧石器时代猿人打磨石器图

这一具头骨还厚。

在葫芦洞内，还出土了大量的古脊椎动物化石。经考证，这些动物中主要有棕熊、鬣狗、中华貉、猪獾、狐、虎、豹、野猪、肿骨鹿、葛氏斑鹿、小型鹿、水牛、梅氏犀、马、剑齿象等。

江苏下草湾人也称"泗洪新人"，是在泗洪县双沟镇东南发现的一段骨头化石，为更新世晚期人类的化石，距今约四五万年。"下草湾人"股骨化石的发现，打破了"南方更新世晚期的地层中无原始人类踪迹可寻"的论说。

下草湾位于泗洪县双沟镇东南，南临淮河，北滨洪泽湖，是河湖间的岗岭地带，海拔40多米。由于滨湖湾有广泛的水草资源，故称"下草湾"。

含有古脊椎动物化石的下草湾土层的地质结构为湖泊沉积区，其岩性特征为灰绿色与紫红、褐色泥浆，并普遍含有高岭土矿物。因此，下草湾地层被称为"下草湾高岭土地层"，这一地层是地质年代中新世的典型地层。

淮洪新河东岸有一段人类化石，经鉴定为右侧股骨化石，化石长15.2厘米，为股骨的上半段，小转子基部以上已经完全缺损。从形态

■ 旧石器时代化石

上看，有股骨结存在。骨表面布满长尾纤孔，确定为人类的股骨。

从其石化的程度计算，以及从海绵骨质的空隙中填土来判断，确定为相当早人类化石。经测定，这段股骨含氟量为0.3%，而新石器时代和现代人股骨的含量为0.15%，下草湾系土层中发掘的巨河狸化石含氟量为2.28%，说明这段骨化石的年代较现代人早，比巨河狸晚。

这段股骨侧面直平，同北京猿人股骨相似，不同于现代人股骨的向前弯曲。股骨上部的扁平度介于北京人与现代人之间，而与尼安德特人相近。股骨下端骨壁的厚度和髓腔大小的比例，远比北京猿人小。

在下草湾引河东南的火石岭，有一处细石器遗址，面积达1500平方米。石器种类有刮削器、尖状器、小石片、石核等，其文化特征与旧石器时代晚期

洪泽湖 位于江苏省西北部，古称"破釜塘"。历史悠久的洪泽湖，给人们留下很多宝贵文化遗产，南岸淮河入湖处的老子山，古称丹山，相传老子曾在此炼丹，故而得名。山上现有炼丹台、青牛蹄迹和凤凰墩等古迹。龟山位于老子山南侧，山形如龟，为历代用兵之地，秦汉以来历史名镇，留有夏禹治水遗迹。

猿人打制工具图

华北细石器传统的技术风格相一致。

从地理位置来看，这里可能就是下草湾人制作石器的场所。

下草湾一带不仅有古人类活动的遗迹，还有相当丰富的动物化石，如大河狸、纳玛象、剑齿象、四不像、无角犀、原始牛及众多的淡水动物化石。这些动物和蚌类都是下草湾人不可缺少的食物资源。

下草湾人应该以渔猎为主，辅以采集，过着捕鱼拾蚌，采果打猎的"攫取性经济"生活。

阅读链接

在治理淮河时，古生物学家到下草湾水利工地考察古生物，发现巨河狸及其他一些古脊椎动物化石。

在考察巨河狸和其他古脊椎动物时，于淮洪新河东岸，采集到一段人类化石，经鉴定为右侧股骨化石。后经考证，这段股骨化石同北京猿人股骨相似，不同于现代人股骨。介于北京人与现代人之间，而与尼安德特人相近。

后来，考古人员在下草湾东南的火石岭发现与下草湾新人同时期的旧石器遗址，面积1500平方米，出土有刮削器、尖状器等，这对下草湾人的研究提供了重要的佐证。

据此，专家们确定：这段股骨为更新世晚期人类的化石，定名为"下草湾人"。

跨湖桥人的生活用具

　　浦阳江是钱塘江一级支流，发源于龙门山脉和会稽山脉之间，上游形成一个河谷盆地。地势平缓的河谷地带分布着一座座小山岳，上山遗址就坐落在其中一座名叫"上山"的小山丘上。遗址西侧为浦阳江支流洪公溪的古河道。

古猿人制陶图

■ 夹炭陶单把钵

湘湖 历史悠久，文化与自然资源丰富，早在新石器时代中、早期就有跨湖桥人在这里生产、生活。春秋战国时代，又有越国在这里争战。南宋以后，先后建有净土寺、隆兴寺、湘云寺等20多所寺庵。宋元明清历朝文人骚客钟情于湘湖，留下几百首诗篇，而且结庐，建藏书楼，开书院，创造了风雅厚重的历史文化。

上山遗址是我国迄今发现的年代最早的新石器时代遗址之一。遗址的年代距今约9000年至11000年。

在上山遗址出土的夹碳陶片的表面，发现较多的稻壳印痕，胎土中夹杂大量的稻壳。对陶片取样进行植物硅酸体分析显示，这是经过人类选择的早期栽培稻。

这一结论表明，上山遗址是迄今发现的、保存丰富栽培稻遗存的、年代最早的新石器时代遗址，这证明了上山遗址所在的长江下游地区是世界稻作农业的最早起源地之一。

上山遗址内具有明显的由旧石器向新石器过渡的特征。在出土的陶器和石器中，陶器多为夹炭红衣陶，数量少，陶质疏松，火候低，器型十分简单，85%都是敞口盆形器。石器以打制石器为主，并发现少量通体磨光的石锛和石斧。

遗址发现大量的石球、石磨棒和石磨盘，考古界将这种具有特殊功能的工具组合称为"工具套"，上山遗址的这一工具套就与原始的狩猎、采集和原始农业的复合性经济模式相对应，石球应该是狩猎的投掷物，石磨棒、石磨盘可以用来脱去稻壳，也可以用来碾磨块茎类食物以获取流汁状的淀粉。

我国迄今发现的万年以上的早期新石器时代遗址中，以洞穴、山地遗址类型为主，而浦阳江的上山遗址位于浙中盆地，四周平坦开阔。这是人类早期定居生活的一种全新选择。

遗址发现了结构比较完整的木构建筑基址，这反映了长江下游地区在新石器时代早期农业定居生活发生、发展中的优势地位。

沿着浦阳江顺流而下，即可到达跨湖桥文化遗址。跨湖桥文化遗址，位于浙江萧山城区西南的湘湖村。遗址西南为钱塘江、富春江与浦阳江三江的交汇处。

遗址南北均为低矮的山丘，往北越过山岭可见钱塘江，南面为东西向连绵不断的会稽山余脉。跨湖桥遗址，是由古湘湖的上湘湖和下湘湖之间有一座跨湖桥而命名。

跨湖桥遗址出土了大量陶器、石器、木器、骨角

彩陶　亦称陶瓷绘画，它是我国悠久的"国粹"，陶瓷艺术之中的艺术，最早在河南省渑池仰韶村新石器时代文化遗址中发现，其后在甘肃、青海、陕西、宁夏、河南、河北、山西、山东、江苏、四川、湖北等地陆续发现。彩陶因时间的不同，分别属于不同的文化类型。

■ 古猿人用火场景

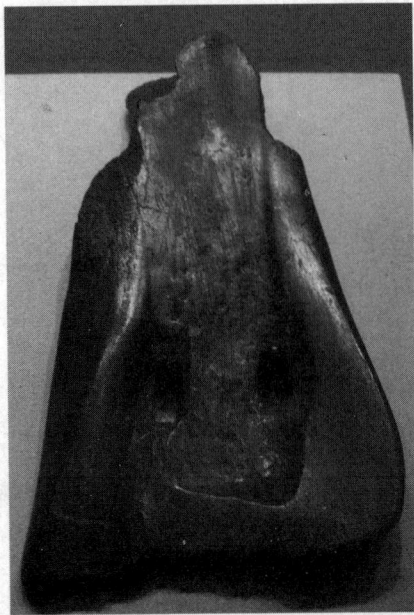

■ 远古时期骨耜

弦纹 古代陶器纹饰。纹样是刻划出单一或若干道平行线条，排列在器物的颈、肩、腹、胫等部位。弦纹广泛应用在新石器时代陶器上，在青铜器上呈现为凸起的横线条。弦纹有细弦纹和粗弦纹两种。细弦纹像一条细长的带子束缚于陶器之上；粗弦纹作宽带状，中间呈凹槽状，犹如板瓦，亦称瓦纹。

器等，还在遗址中发现了灰坑、黄土台、残存墙体等建筑遗迹。

在出土的文物当中，陶器最为精致和独特，除器形规整匀薄外，主要指彩陶与黑光陶工艺。彩陶保存的鲜艳程度十分好，而且发现的完整器物较多，彩陶的分布位置及组合形态也十分清晰。

陶器的彩饰分为厚彩和薄彩两种，都施于均匀细腻的陶衣上。薄彩一般施于圈足盘的内壁，有红、黄、黑等色，从口沿向内垂挂的环带纹、半月纹最为普遍。

另外，还有一些双腹盘从上至下分层设组，各有题材，十分讲究。据考证，这类器物不是实用器皿，而是充任礼器、祭器。

最有特色的是厚彩，施于器物的外部，如罐的肩颈、圈足盘的圈足等位置。

彩纹一般为以圆形镂孔为中心的放射线，肩颈部位多以组合纹饰出现，其中"太阳"纹引人注目。

在手法上，点彩别具个性，往往与条纹、波浪纹相配合。厚彩材质似乎加了某种作为黏合剂的泥料，脱落后留下的乳白色痕迹仍旧清晰可辨。

黑光陶一般见于豆、罐两类器物。跨湖桥出土的这种黑光陶主要是一些黑的器物，如钵类器，内壁十分光亮。这些黑光陶除了应用还原焰烧造技术外，还经过精心的打磨。

器物上常见周正的弦纹、棱纹，分明使用了轮制技术。考古界一直认为距今6000多年前才有了慢轮修正术，跨湖桥出土的陶器却把这一时间推进了1000年。

跨湖桥陶器的群组合也十分新颖。从器名上看，只有釜、罐、钵、豆、甑几种，但形态却完全是新的。如钵型釜、扁腹双耳罐、盅型钵、双腹豆。而且纹饰也愈加丰富与成熟。

尤其值得注意的是，出现了相当数量的拍印的方格纹，而且多呈菱形。另外还有蓝纹、篦纹、指甲纹、戳印纹以及"工"字、"卜"字、三角形、方形、圆形等镂空形式。

出土的有机质遗物中，骨器数量不少，包括耜、镖、镞、哨、针、纬刀、簪、双尖叉形器及一些功能不明的复合工具。

骨耜用大型哺乳动物的肩胛骨制作，端部有圆形

> 陶器　是指以粘土为胎，经过手捏、轮制、模塑等方法加工成型后，在800度至1000度高温下焙烧而成的物品，其坯体不透明，有微孔，具有吸水性，叩之声音不清。陶器可区分为细陶和粗陶，白色或有色，无釉或有釉。品种有灰陶、红陶、白陶、彩陶和黑陶等多种。

■ 古代猿人生活图

插孔用以装柄，成孔方式是用火烫灼后再行挖凿的。

另外，还有很多用动物肢骨的骨壁、肋骨加工而成的骨具，磨制精致。出土的一件骨针长9厘米，最大径不足0.2厘米，孔径不足0.1厘米。同时还出土了纬刀、双尖叉等纺织工具。

从出土的动物遗骨来看，跨湖桥的动物群包括鹿、猪、牛、狗、獾、鹰、鳄和豚等。猪、牛等动物的牙齿磨损度普遍较高，这是跨湖桥人肉食大多来自狩猎的证据，因为老迈的动物缺乏抵抗力，容易成为捕杀对象。这说明狩猎在跨湖桥时期占据非常重要的地位。

跨湖桥遗址还出土了很多木桨，其中一半是半成品，上面满是清晰的刀砍斧削痕。

数量最多的是木锥形器，尺寸近似筷子，中间稍粗，一端平头，另一端尖；另一种木锥的一端削成扁舌形。另外还出土了数件木"簪"。

遗址出土的石器也很有特色，器形主要有斧、锛、凿，还见有极少量的镞、石片形刀、石杵、磨盘等。石质多为青灰色的硬质沉积岩，附近地区无法找到这种岩材，应该从远方交换得来。

在跨湖桥遗址还发现了一件稍有残缺的绳纹小陶釜，口径11.3厘米，高8.8厘米，外底有烟火熏焦痕，器内盛有一捆植物茎枝，长度

釜 是战国时期秦人使用的一种饮食器。形制近似于现在的罐，敛口束颈，口有唇缘，鼓腹圆底，口径小于腹径甚多，肩部有两个环状耳。圆底而无足，必须安置在炉灶之上或是以其他物体支撑煮物，可以直接用来煮、炖、煎、炒等，可视为现代所使用锅的前身。

吴越文化特色与形态

■ 跨湖桥独木舟

约5厘米至8厘米。

单根直径一般在 0.3厘米至0.8厘米间，共20余根，纹理结节清晰，出土时头尾整齐地曲缩在釜底。从现象观察，当属因陶釜烧裂而丢弃的煎药无疑。

最为重要的是，在跨湖桥遗址发现了一艘独木舟。独木舟船头朝东北，船尾向西南。船长5.6米，船身最宽处为53厘米，船体深20厘米。在船体凹面内，有多条支撑横木的痕迹。

据考证，由于生活在濒临江海湖泊的地理环境里，跨湖桥人很早就发明了水上交通工具，舟船的制造和利用可以说是跨湖桥先民最伟大的贡献。在跨湖桥遗址还出土木弓一件，残长121厘米，这是我国所发现的最早的木弓。

跨湖桥遗址是一处内涵丰富、文化面貌独特的新石器时代早期遗址，距今为7000年至8000年，打破了长江下游原来所认识的史前文化格局，证明了浙江的文明史是由多个源流谱系组成的，为研究整个长江流域的文化提供了重要线索，具有重大的文化价值。

阅读链接

跨湖桥遗址在第一次发掘中，发现了建筑遗迹和多处房屋遗迹。还发现了两座贮藏窖，里面贮满了橡子。但由于第一次发掘出土的文物较少，于是跨湖桥遗址被"冷冻"了10年。

第二次挖掘发现了文化层堆积，出土了一大批陶、石、骨、木器，其中陶器复原器近150余件。经北京大学等5个不同权威机构进行科学测定，断定跨湖桥文化距今为七八千年。

由于跨湖桥遗址被破坏严重，第三次开挖的探方大多处在遗址的破坏边缘，所以大都不完整，实际发掘面积约350平方米。但就在这里，却"驶出"了人类最古老的独木船。

后来，考古学家再次对跨湖桥遗址进行发掘。这次发掘出土了一批陶器、木器、骨器碎片，其中有保存完整的骨哨。

马家浜古代文化遗址群

不尽长江，滚滚东来，在我国北纬30度线附近开辟出宽阔的流域范围。太湖就是长江下游南岸的一个大湖。优越的地理环境和气候条件，使这里成为远古部族聚居的重要地区。

在这片肥田沃野上，分布着丰富的古代文化遗址。马家浜文化就是其中之一，区域范围南达浙江省的钱塘江北岸，西北至江苏省常州一带。

马家浜文化因浙江嘉兴县马家浜遗址而得名。马家浜坐落在嘉兴市城南的南湖乡天带桥村，东北面临九里港，西至坟屋浜，南为马家浜，是一个三河交叉的平原。

马家浜文化类型在嘉兴市境内的重要遗址分布地

马家浜出土的玉器

有：嘉兴的马家浜、吴家浜、干家埭、钟家港；桐乡的罗家角、谭家湾、张家埭、新桥、吴家墙门；海宁的郭家石桥、坟桥港；海盐的彭城，平湖的大坟塘，嘉善的小横港、大往遗址等。

■ 马家浜先民劳作情景

在太湖流域的苏、锡、常、沪、杭、湖地区中，有湖州邱城、杭州吴家埠、苏州越城、吴县草鞋山、吴江梅堰、袁家埭、上海青浦崧泽下层和常州圩墩、武进潘家塘的下层。

在草鞋山遗址，发现由10个柱洞围成的近圆形的房基残迹，面积约6平方米。在马家浜遗址发现的是长方形房基，面积约20平方米，其东、西两侧各保存柱洞5个，南面一侧有柱洞3个。

上述两地房屋的柱洞中，有的还残存木柱或在洞底垫有朽木板。这种木板与柱础的作用相似。圩墩遗址出土有榫卯结构的木柱。

邱城遗址 位于邱城东、南和西南部。分上、中、下3个文化层。下层距今约6000多年，属马家浜文化。中层距今约5000多年，属崧泽文化。上层即城墙部分，夯土中伴有印纹陶、原始青瓷、红陶、黑陶和石器、铜镞、玉王夫、玉璜等，最晚是印纹陶和原始陶。

■ 马家浜遗址出土
的兽面器耳

草鞋山遗址 文化堆积层厚11米，从马家浜文化、崧泽文化、良渚文化至春秋吴越文化。整个序列几乎跨越太湖地区、乃至长江下游一带新石器时代至先秦的全部编年。堆积厚、内涵多，因此也被我国考古界称为"江南史前文化标尺"。

绰墩遗址 位于江苏昆山市巴城镇正仪绰墩村，文化内涵从下至上依次为马家浜文化、崧泽文化、良渚文化和马桥文化，另有唐宋时期遗存。是太湖地区发现的文化序列最为完整的一处重要史前文化遗址。

在邱城遗址发现的居住面用砂土、小砾石、陶片、贝壳和骨渣等混合筑成，还在居住区内挖小型沟道，附近有石筑的长条形公共烧火沟。

农业经济是马家浜时期主要的经济生活，特别是栽培水稻，培育出粳稻，是水稻种植的一大发展。

在圩墩遗址发现了一件残木铲，仅存铲身，两面削成扁平状，刃部较薄，应是掘土工具。收获用的石刀数量较少，而且制作也较粗糙。

作物主要是水稻，在罗家角、草鞋山和崧泽遗址下层都发现稻谷，经鉴定有籼稻和粳稻两种。罗家角第三、四层出土的粳稻，年代在公元前5000年左右，是我国发现的最早的粳稻遗存。

同时，在罗家角遗址还发现有籼稻。从粳、籼稻粒的数量比例分析，当时籼稻的种植比粳稻要发达。同时，还饲养猪、狗、水牛等家畜。

马家浜文化遗址不仅有相当多的稻谷遗存，更重要的是还发现了水稻田。

这些水稻田都分布在地势低洼的原生土上，包括草鞋山遗址的44块，绰墩遗址的46块，共计90块。这些水稻田的灌溉系统，可分为以水井和水塘两种灌溉系统，后者既可通过水口灌溉，又可排水。

为适应当地自然环境，渔猎经济在马家浜人的生活中也占有一定地位。发现的骨镞，以柳叶形的居多。在马家浜、崧泽、圩墩等遗址的下层，都有大量的兽骨堆积。

如马家浜有的兽骨堆积厚达二三十厘米。圩墩的野生动物骨头有梅花鹿、四不像、野猪、獐、貉、蟹獴和鸟类、草龟、鼋、鲫鱼等；其中，梅花鹿、四不像和野猪的数量较多。

在一些遗址中还发现有野生的桃、杏梅的果核和菱角等，这些是人们从事采集活动的例证。

在马家浜、圩墩、草鞋山等地共发现墓葬200多座。多为单人俯身葬，也有仰身直肢葬、屈肢葬和侧身葬等，多数头向北。在草鞋山和圩墩墓地，还发现有几座同性合葬墓，同一墓内的死者年龄相近。

在草鞋山有些死者头骨用釜、钵、盆、豆等陶器覆盖，有的把头骨另放在陶器内。

随葬器物一般都很少，主要是日用陶器。草鞋山的106座墓中，有25座无随葬品，其他的有多件，最多的为一座成年女性墓，有9件。

随葬品大都是一件食器，或食器和炊器各一件。食器以豆为多，其次为钵，也有罐、盆、杯等，炊器以釜为多，或用鼎代釜。用生产工具随葬的只有两座

■ 马家浜出土文物
鹿角

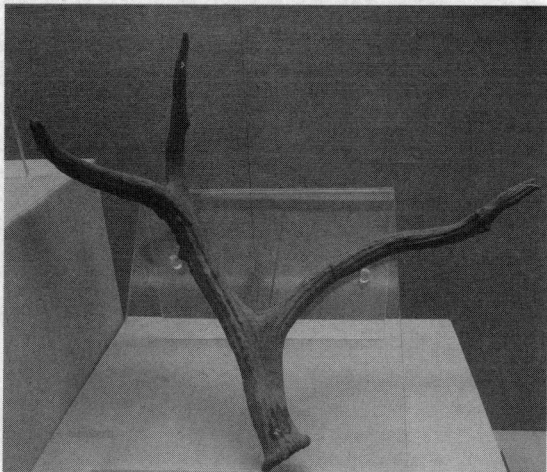

豆　我国新石器时代的陶器名，像高脚盘，本用来盛黍稷，供祭祀用，后渐渐用来盛肉酱与肉羹了。作为礼器常与鼎、壶配套使用，构成了一套原始礼器的基本组合，成为随葬用的主要器类。

白陶　指表里和胎质都呈白色的一种素胎陶器。器型种类不多，有鬹、盉、爵、豆、钵、罍、壶、卣、觯等。商代晚期是白陶器物高度发展的时期。

■ 马家浜陶器文物

墓，各放一件石斧。有的墓还随葬玉块、玉环、玉镯等装饰品以及鹿角、兽牙、蚌壳等。

马家浜的陶器独具特色，分为3期。早期陶器以灰黑陶和灰红陶为主，陶器成形基本采用手制。器表多素面或磨光，纹饰较少，主要纹饰有弦纹、绳纹、划纹、附加堆纹及镂孔等，器型以釜为主。

马家浜出土的黑陶中有一件镂空黑衣陶壶十分精致，此陶壶器表施黑陶衣，撇口，短粗颈，折肩折底，圈足高而外撇，通体镂空装饰。此件镂空黑衣陶壶是马家浜文化的象征器。

马家浜文化中期出土的陶器以夹砂红褐陶为主，仍有一定数量的灰黑陶和灰红陶，以素面的为多，绳纹基本消失，器型仍以釜为主。同时还出现了少量的鼎和较多的豆，还有牛鼻形耳的罐。

晚期陶器以夹砂红陶和泥质红衣陶为主，主要

器型是釜、鼎、豆。
马家浜文化最独特的
是一种"腰沿釜"，
鼎足一般为扁平或铲
形，甚至有的鼎足为
鱼鳍形。

以腰沿釜为代表
的马家浜文化陶器，
体型大，器形多，已出现了三足器和袋足器。

■ 马家浜出土文物
豆盘

罗家角遗址出土的四片白陶片也尤为引人注意。
白陶是瓷器的先祖，制作白陶的原料主要是高岭土，
高岭土由于铁含量低而铝含量高，较红、灰陶耐得起
高温。

白陶烧成后外形洁白美观，坚硬耐用，人们对高
岭土的认识和使用，为后来瓷器的发明和发展奠定了
基础。

马家浜文化的白陶比大汶口和龙山文化的白陶早
了1500多年。从制作工艺和焙制方法上看，马家浜的
陶器是由手工捏制，泥条盘筑，轮盘旋制逐步发展起
来的。

焙制方式的演变则更加漫长，最早是原始的篝火
式，把制好的陶坯堆放在一起，四周围上柴火烧制，
但温度不高，难以焙制大的器皿。

后来逐步形成陶窑。据考古学家推测，罗家角白
陶应该是轮制的，否则不会这样光滑、均匀。焙制方
法可能是用炉灶式。可见马家浜人的生产力水平比同

019

文明开化

古老历史

鼎 是我国青铜
文化的代表。鼎
在古代被视为立
国重器，是国家
和权力的象征。
鼎本来是古代的
烹饪之器，相当
于现在的锅，用
以炖煮和盛放鱼
肉。自从有了禹
铸九鼎的传说，
鼎就从一般的炊
器而发展为传国
重器。一般来说
鼎有三足的圆鼎
和四足的方鼎两
类，又可分有盖
的和无盖的两
种。有一种成组
的鼎，形制由大
到小，成为一
列，称为列鼎。

时代其他部落要高得多。

当时的马家浜先民已经用磨制石器和骨角器开垦农田、栽种水稻、饲养家畜等。马家浜、罗家角遗址出土了很多磨光穿孔石斧、弧背石锛和角骨制耜、凿、锥和网坠等生产工具。

马家浜人不再是赤身裸体，已经掌握了纺织技术。草鞋山遗址出土了3块炭化了的纺织品残片，这种织物用的原料是野生葛，纬线起花的螺纹编织，说明编织工艺已经具有了相当的水平，是迄今为止我国所发现的最早的织物标本之一。

从地面木构住房、公共墓地和俯身直肢葬式等出土遗迹来看，马家浜文化都表现出一种与黄河流域原始文化不同的文化形态，打破了古代文明起源以黄河流域为中心逐渐向四周辐射的"一元"说。

阅读链接

按照学术惯例，各种遗址文化大多是以首次发现及发掘地命名的。但马家浜文化却经历了一段曲折的历程，它的首次发现地并不是马家浜，而是在嘉兴市桐乡县一个叫"罗家角"的地方。

1956年，当地农民们在罗家角的水田里挖出了大批兽骨和陶片。当地农民没有看过动物遗骨，但听说过"龙骨"可以入药的事情，便纷纷将其拿到中药铺出售。

结果"龙骨"越掘越多，中药铺不收购了，农民就转卖给废品收购站。最后是收购站向文物部门反映，才使罗家角遗址出现在考古学家的视野里。

浙江省文物管理委员会派人前往桐乡县罗家角调查，采集到石器、陶器、兽骨等若干，确定罗家角为新石器时代遗址。

但由于当时注重程度不够，只是加以保护。直至1959年马家浜惊世骇俗的重大发现之后，至1979年才开始了罗家角遗址的第一次发掘，丰富了马家浜文化的内涵。

河姆渡人进入定居生活

杭州湾宁绍平原的南缘有一处十分著名的新石器时代遗址，它就是余姚河姆渡。河姆渡遗址的南面是连绵逶迤的四明山麓，北面是一片平畴，西南就是碧波荡漾的姚江。

■ 河姆渡遗址

■ 余姚河姆渡原始
人生活场景

风水 本为相地之术。相传风水的创始人是九天玄女，比较完善的风水学问起源于战国时代。风水的核心思想是人与大自然的和谐，早期的风水主要关乎宫殿、住宅、村落、墓地的选址、坐向、建设等，是选择合适的地方的一门学问。

河姆渡人就在这样一个依山傍水的地方居住、生息、繁衍，并创造了灿烂的农业文明。

7000年前的河姆渡地势低平，地表平均海拔高仅1米左右，这里生长着茂密的森林，气候温暖湿润，是动植物的天堂。

河姆渡遗址所在的平原是"工"字形地质结构，具有良好的促淤功能。遗址的西部紧临江边有一座海拔仅9米左右、面积不到100平方米的小石山，当时的河姆渡人就依山聚居在小山坡的东面和北面。

特殊的"工"字形地貌使这里最先成为陆地，当周边还是一片浅海时，河姆渡已是一块"风水宝地"了。河姆渡先民正是借助"工"字形高地的优势，在这里栖息、繁衍。

河姆渡遗址河流沼泽密布，地下水位很高，一般不能采用半地穴式建筑解决居住问题，于是河姆渡人发挥聪明才智，开创了人类居住方式的惊人之举，即干栏式建筑。

干栏式建筑是一种以桩木为基础，构成高于地面的基座，再用桩柱绑扎立柱、架梁、盖顶的半楼式建筑，是巢居的继承和发展。

干栏式建筑的功能十分强大，首先可以避免野兽的袭击，一般性洪涝对其生命安全也不构成灾害，另外还可以脱离潮湿的地面。"干栏式"建筑是我国南方传统木构建筑的祖源。

河姆渡遗址木结构技术已经取得了惊人的成就，其干栏式房屋的建筑工艺已经十分科学。

在河姆渡遗址干栏式建筑遗迹中，最有影响的是出土了上百件带榫卯的木构件。河姆渡人的榫卯技术，把我国应用榫卯技术的历史推前了3000多年。

榫卯 是在两个木构件上所采用的一种凹凸结合的连接方式。凸出部分叫榫，或榫头；凹进部分叫卯，或榫眼、榫槽。这是我国古代建筑、家具及其他木制器械的主要结构方式。我国木建筑构架一般包括柱、梁、枋、垫板、衍檩、斗拱、椽子、望板等基本构件。这些构件相互独立，就需要用榫卯的方式连结起来才能组成房屋。

■ 手绘河姆渡文化生活场景图

河姆渡遗址石雕

　　7000年前的河姆渡人在没有金属工具的生产条件下，仅以粗劣的石器和骨器，创造了多达10余种形式的榫卯，令人惊叹不已。

　　这种木结构建筑设计之科学，规模之宏大，不仅为我国所罕见，也是人类文化史上最早的杰作，被考古学家称之为7000年前的奇迹。

　　河姆渡人种植的水稻是由野生稻逐步培育而成，并创造了当时世界上最发达的耜耕农业。

　　河姆渡遗址中发现的水稻的谷粒外形、颗粒大小已接近于现代栽培稻，粒重远远超过野生稻，属于栽培稻的籼亚种中晚稻型的水稻，少部分属粳稻。

　　河姆渡遗址出土的稻谷和谷壳，换算出稻谷应当在12吨以上。出土的稻谷数量之大，保存之好，不仅堪称全国第一，就是在世界史前遗址中也是十分罕见的。

　　河姆渡栽培稻较传说神农植稻早2000年，比泰国奴奴克塔遗址出土稻谷早数百年，填补新石器时代考古"有粳无籼"空白。

　　河姆渡的农具也很先进，骨耜就是其中的代表。骨耜看上去很像现代的锹或铲，它的主要用途是松土，在河姆渡遗址共出土骨耜170余件。

河姆渡人还用动物肋骨制作了一大批劳动工具，如磨成锯齿状的骨镰、中耕农具鹤顶锄和谷物加工工具木杵等。

这些都表明，河姆渡人已经脱离了"刀耕火种"的落后状态，发展到使用成套稻作生产工具、普遍种植水稻的阶段。农业已成为河姆渡人当时主要的生产活动，它的稻作农业耕作形态堪称世界上最为先进发达的粗耕农业。

在河姆渡遗址共出土了6支木质船桨和一艘陶舟，桨柄和桨叶用同一块原木削制而成，长63厘米至92厘米。木柄上刻着各种斜线组成的图案，精细美观，桨叶呈柳叶状，阻力很小，大小和形状跟现代游

025
文明开化
古老历史

骨耜 用偶蹄类动物的肩胛骨制成的。其上端厚而窄，是柄部；下端薄而宽，是刃部。柄部凿一横孔，刃部凿两竖孔。横孔插入一根横木，用藤条捆绑固定。两竖孔中间安上木柄，再用藤条捆绑固定。这样，一件骨耜就制造出来了。

■ 河姆渡遗址雕像

河姆渡黑陶罐

船的划桨很接近。

7000年前的木桨，不但在我国是首次发现，而且在世界上也属首例。

同时还出土了一只陶舟。该舟长7.7厘米，高3厘米，宽2.8厘米。陶舟两端有小孔，可以系缆，全舟下半部的弧形、轮廓自然流畅，可以减少水的阻力。

虽然河姆渡尚未发现完整的独木舟，但从遗址出土的独木舟的遗骸、木桨，可推知河姆渡先民能够制造出较为先进的独木舟。

在河姆渡遗址还发现了很多重要的古遗迹，而这其中非常值得注意的是一口木构浅水井，距今已有5600余年，这是我国迄今发现的最早的水井。

这口井的井口为方形，边长约两米。河姆渡人在低洼处的水坑中部，先打入4排桩木，组成了一个方形的桩木墙，然后再将排桩内的泥土挖去。为了防止排桩向里倾倒，再在排桩上部套一个方木框。

排桩之上平卧16根长圆木，很可能是构成井口井架或为了加固井口而设置的构件。井底距当时井口地表深1.4米。在水井外围有一圈呈圆形分布的栅栏桩，在井内有辐射状的小长圆木构件和苇席残片等，据此推测水井上当盖有简单的井亭。

河姆渡文物陶釜支座

这个比较完整和高级的水井，是我国发现的属于最早的一流水井。它和河姆渡文化农业定居的社会经济生活是完全相应的。历史传说中的所谓"凿井而饮，耕田而食"，就是这个时代的标志。

水井的发明，是人类与大自然斗争的一次重大胜利。自从发明水井以后，人们可以在远离河流、湖泊的地方生活，开辟新的生活居地，可以战胜干旱的威胁，对于生产的发展起了很大的作用。

毫无疑问，水井的发明在人类文明史上是有划时代意义的。

河姆渡出土的陶器以夹炭黑陶为主，少量为加砂、泥质灰陶，均为手制。器型有釜、罐、杯、盘、钵等，陶器表面常有绳纹、刻划纹。

陶器上刻画的图案写实性强，手法夸张，想象丰富，富有浓郁的生活气息，例如双燕比翼齐飞，小狗饱食后小息等。

出土陶器的经典之作是著名的猪纹陶。猪纹陶通体由炭黑色的陶制成，陶体呈长方形，但四角都具有一定的弧度，底是平的，两个长的边壁上各刻有一条猪纹，虽然线条较为简单，但形态却非常逼真。

这件陶器的胎质较疏松，器壁较厚，还处于陶器制作的原始阶段。猪的头部向前伸而且稍微有点低垂，猪的嘴很长，双目圆睁着，好似在寻觅食物。

猪的身上还刻有简单的圆圈和叶子似的花纹，脊

■ 猪纹黑陶钵

夹炭黑陶 古代陶器的一种，是浙江余姚河姆渡文化陶器的一大特征。陶胎中布满大量碳晶粒，颜色墨黑，碳和泥是陶质的主要组成部分。由于炭素的作用，再加陶胎在焙烧中未能充分氧化，因此陶质呈黑色，内胎黑得更浓。

绳纹 是古代陶器的装饰纹样之一。是一种比较原始的纹饰，有粗绳纹和细绳纹两种。绳纹是在陶拍上缠上草、藤之类绳子，在坯体上拍印而成的，有纵、横、斜并有分段、错乱、交叉、平行等多种形式。是新石器时代至商周时期陶器最常见的纹饰。

吴越文化特色与形态

牙雕 是一门古老的传统艺术，也是一门民间工艺美术。牙为大象身上最坚固的部分，其光洁如玉、耐用、珍贵堪与宝石玉石媲美，因此象牙又有有机宝石之美誉。而象牙雕刻艺术品，以坚实细密，色泽柔润光滑的质地，精美的雕刻艺术，备受收藏家珍爱，成为古玩中独具特色的品种之一。我国象牙雕刻有着极其悠久的历史，始于新石器时代。

背上的鬃毛簇拥着。从整体上看这头猪形状更像野猪，只是比野猪要温顺些，介于野猪和家猪之间。

从这件猪纹黑陶钵我们可以了解到河姆渡人已经开始进入了定居生活，也反映了当时河姆渡的畜牧业水平，对研究猪的进化具有极高的价值。

河姆渡人已经有了丰富多彩的精神文化生活，其原始艺术已达到一定水平。在河姆渡遗址中出土了大量的石、玉制作的装饰品，而玦、璜、管、珠、环等饰品大多用玉和萤石制成，开创了用玉之风的先河。

河姆渡人并不满足于对这种装饰类物品的追求，他们还发明了吹奏、打击乐器，在河姆渡遗址出土了一些吹奏、打击乐器，有骨哨、陶埙和木筒等，其中出土的骨哨已达5孔。

河姆渡出土的雕刻艺术品也相当讲究，用料有象牙、骨、木等，设计奇巧，寓意更是十分深奥。最为神秘的就是一件神秘的双鸟朝阳纹象牙蝶形器，它是经过加工的象牙，部分已残缺，外形像一只展翅的蝴蝶。

牙雕长16厘米，宽5.9厘米。牙雕体的正面刻有精美图像，正中为光芒四射的太阳，用5个同心圆表示日面，圆心附近有一个圆点，位置在日中稍微偏左。这件象牙雕刻的时间，大约距今六七千年。

河姆渡遗址还出土了一件漆碗。这件漆碗，胎为木质，器呈椭圆瓜棱状，敛口，底有圈足。器壁外表有薄薄一层红色涂料，微有光泽。这种朱红色涂料经裂解后，涂氯化钠盐片，用红外光谱分析，其光谱图和马王堆汉墓出土漆皮的裂解光谱图相似。

河姆渡人已经学会了缝纫，出土的缝纫工具主要有骨针、细小的骨锥、管状针及小石锛等。河姆渡人的缝纫、纺织、编织技术已经比较娴熟。

河姆渡文化遗址如一座藏品极为丰富的地下博物馆，形象地展示了南方远古先民生产、生活的真实情景。河姆渡先民的智慧与成就，为源远流长的中华文明添上了最辉煌的一笔。

阅读链接

河姆渡遗址是河姆渡村的农民在村东北修建排涝站时偶然发现的。

之后，考古人员对河姆渡遗址进行了正式的发掘。首先，工作人员在探方里发现了一些木头，上面有人为加工过的痕迹，专家推断这是一口水井的井架。经过进一步发掘，验证了推断的正确性，并确定水井深为1.4米。

紧接着，考古人员在探方中挖掘出11座墓葬和3个灰坑，还有大量的陶片、石器。

这个文化层出土的陶器大部分是灰黑色夹砂和夹碳的陶器，这些陶器的质地比较粗糙，从表面留下的痕迹判断，它们应该是在距今6000年左右加工出来的。随后，在距地面3米深的地方，在黑褐色的土层中闪出一些金黄色小颗粒，这些颗粒是炭化了的稻谷！在泥土中发现了许多骨制的耜。

接下来的发现更让人惊奇。考古人员除了挖掘出大量的石器、骨器、木器和陶器外，还发现了很多的木板、木桩和芦苇编织的席子。考古人员将这些木板、木桩及木构件、芦苇席子进行了复原，原来是凝聚了河姆渡人智慧结晶的干栏式建筑。

丰富多彩的崧泽人文化

5000年前的崧泽地处海滨，东临大海，西和南是丘陵山地，大部为沼泽地带，自然环境有利于早期崧泽人的定居生活。

崧泽人的茅舍村落聚集在较为高爽的高阜处，在村落周围，人们已经垦植了小块水稻田。崧泽文化延续约900年，是以农业和畜牧业为主要生产的原始文化。

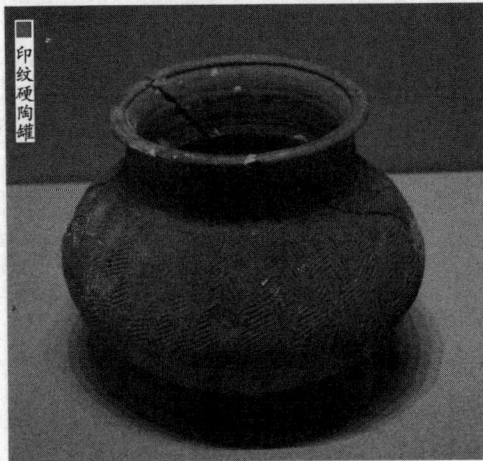

印纹硬陶罐

水稻是崧泽人主要种植的作物。人们将居住地周围的小块田地平整为栽植水稻的田块，经过长期的培植已有两种不同的稻种，即粳稻和籼稻，并能按照不同生长期分别栽种。

崧泽人已经制造各种生产工具，包括收获后或播种

前用来锄耕整地用的石
锛、石斧，以及脱粒和
去谷壳时使用的石块或
陶拍。

崧泽人还发明了我
国最早的石犁。

崧泽人对生产、生
活用具的改革创新，成
效显著，标志着崧泽农
业率先进入了犁耕阶
段。石犁的出现说明崧
泽文化农业生产水平比马家浜文化进步。

崧泽人制作石器的石料来源于崧泽附近几千米至
数十千米的范围内，以火山喷发形成的沉凝灰岩类为
主。这种沉凝灰岩质地紧密、坚硬，崧泽人经过打
制、切割、磨制、钻孔等多道工序把它们制作成斧、
锛、凿、镞等多种石器。

崧泽人也较多地使用骨质生产工具，用动物的肢
骨、獠牙劈、削、磨制成器，用于射猎、切割、缝纫
等生产活动。

这个时期，社会生产力有了较大的提高，陶器制
作技术大幅度提高，崧泽人掌握了慢轮修整技术，并
趋向专业化。陶器造型多样，朴素美观，纹饰主要采
用压划和镂刻的方式。

崧泽陶器代表了我国新石器时代一种成熟而且极
具特色的制陶工艺水平，反映了崧泽人的审美情趣。

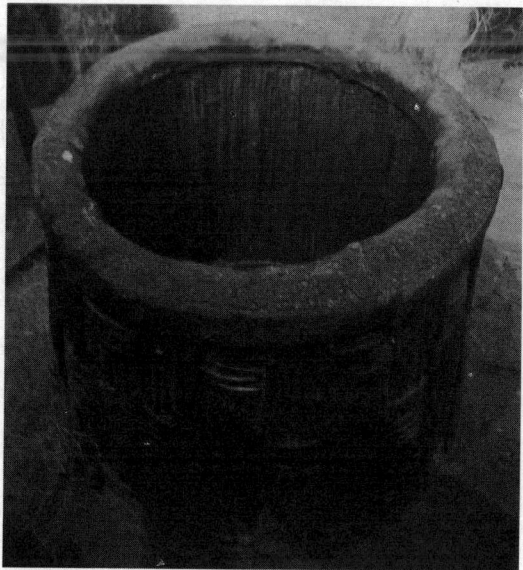
■ 崧泽古水井

石器 是指以岩
石为原料制作的
工具，它是人类
最初的主要生产
工具，盛行于人
类历史的初期阶
段。从人类出现
直到青铜器出现
前，共经历了
二三百万年，属
于原始社会时
期。根据不同的
发展阶段，又可
分为旧石器时代
和新石器时代，
也有人将新、旧
石器时代之间列
出一个过渡的中
石器时代。

渔猎也是崧泽文化时期人类的生产活动之一。崧泽人附近的水域中有鱼、虾、龟、鳖等水产品，人们就在纺轮中间插上树枝木杆，用植物纤维或动物毛捻线结网渔猎。大型动物水牛等栖息水边，有时也会被崧泽人所猎食。

在湖沼的周围或沿海的土地上，生长着茂密的芦苇、杂草，湖沼间土岗上生长着桑、柳、榆等树木，野禽、獐、四不像等栖居奔窜其间，他们是冬季草枯时崧泽人主要的猎食对象。

稍远处林边草地梅花鹿成群，平时崧泽人就对这些动物进行大规模的捕猎。不过，危险无时不在威胁着崧泽人，在常绿阔叶和落叶阔叶树木混交的林间，时常有等待觅食的老虎等猛兽，所以崧泽人仍需群居生活，共同对抗来自各个方面的危险。

继浙江河姆渡和江苏马家浜之后，崧泽文化在很多方面都有了很大的进步，尤其在玉器方面，显示了长江下游地区玉文化发展的强劲势头。

崧泽文化早期出土的玉器并不多，品种上多玦少璜。至中期，璜、环、珠、坠等器形出现，器物也更加精致。崧泽晚期出土了较大型的玉镯、玉璧和超大型的

■ 崧泽陶罐

玉斧。

这些玉器器形规整，器表光洁，打磨精致，钻孔熟练。在崧泽文化时期，女性佩带这种玉璜和玉镯成为一种风气。

崧泽玉器在产品造型上富于变化，如同一处出土的3件玉玲，样式各不相同，一件是淡绿色，圆饼形，一侧穿一个小孔；另一件同是淡绿色，却做成了璧形；还有一件是墨绿色，鸡心形，中间穿一个孔长达4.2厘米。

崧泽遗址出土的玉璜数量较多，这些单璜被当作项饰，制作精细的玉璜受到社会重视并开始具有一定的礼仪性质。玉璜的使用者多为身份较高的权贵阶层，为后世我国玉文化、"德佩"等观念和习俗奠定了基础。

出土的陶器以灰黑色为主，基本上用泥条盘叠加轮修的方法制成。崧泽的陶鼎较具特色，器型以深腹釜形为主，也有少量罐形和盆形的。

陶鼎多是扁铲形或凹弧形。崧泽的陶豆大多为浅盆形，豆把的样式很多，有高把的、低把的，还有是多节形。陶豆的纹饰主要是弦纹和圆形、三角形组成的镂孔为主，也有再加压划纹和彩绘的。

崧泽的陶器艺术品十分特别，最典型的代表就是一只上有红彩的陶塑小猪。

■ 崧泽红陶镂孔塔式盉

璜 一种玉器。大型璜做礼仪玉，中小型璜为佩饰玉。璜的纹饰，一般是两端各雕成兽头形，以龙头、虎头的为多；也有一端为头、一端为尾的，有龙形、鱼形等。璜的表面则有雕成鳞纹、云纹、鸟纹、三角纹等。

这只小猪圆咕隆咚，肥头肥脑，双眼鼓突，吻部前拱，腹圆鼓下坠，四腿短短，野猪的特征几乎荡然无存，是一只已被驯化、圈养的家猪。这只陶猪的出土，将人类驯化猪的历史向前推到距今6000多年之前。

家猪在原始人生活中占据相当重要的地位，不仅是人类肉食的重要来源，也是人们征服自然的象征。憨态可掬的家猪具有一种古朴美，因而其形象常常出现在原始艺术中。

出土的石器数量也比较多，其中石斧多为磨制石斧，斧身厚实，双面管钻对钻穿孔，刃口锋利。出土的石锛比较短小，并出现弧背。从出土的石器来看，崧泽时期已经出现了管钻穿孔技术，这一技术在良渚文化时得到了普遍应用。

在崧泽古文化遗址的上层还出土了一件西周晚期的瓷器，它色彩青绿、敞口坦腹，内壁布满旋纹，反映出我国当时的劳动人民对瓷器的制造已有了相当高的水平。

三角网纹彩陶罐

崧泽遗址共发现136座墓葬。葬式是将人体平放在地上，堆土掩埋，一般都是头向东南，仰身直肢。在身体周围摆放着随葬品，主要是生前使用的石器和陶器。

另外，也有些口内放有玉琀，颈部佩带玉璜，手臂上有玉镯，说明当时已经出现了贫富分化。崧泽人的墓葬方式与北方黄河流域挖土坑埋葬的习俗有明显不同，

■陶猪

葬式包括直肢葬、俯身葬。

在崧泽遗址还发现了祭坛遗迹，祭坛形状是东西窄、南北宽，这是太湖地区最早的人工堆筑的祭坛。

阅读链接

1957年，上海市考古工作者在青浦县进行考古调查，在假山墩采集到数片新石器时代夹砂红陶和泥质灰陶片，这一发现引起了考古学家的注意。

后来，又在村北农田发现了一些鹿角、陶片及石器。1960年冬对假山墩遗址进行试掘。在发掘的探方中，考古队员发现了丰富的新石器时代遗存，包括一个灰坑和一座墓葬，以及大量夹砂红陶、泥质红陶和灰黑陶片。

最能让崧泽考古引起世人瞩目的就是"上海第一人"的出土。在一次对崧泽遗址进行抢救性发掘时，在清理墓葬时，"上海第一人"面世了。出土时，头骨的上下颌牙齿看上去都是完好的，但由于历史太久，上颌齿已经全部风化，出土后的头骨已经没有了上颌齿。

良渚人开始手工业制作

　　新石器时代晚期，长江下游一带继崧泽文化之后兴起的是良渚文化。这种古老的文化因发现于浙江余杭良渚镇而得名，距今约5300年至4000年。良渚文化是我国长江下游一支重要的新石器时代文化。

　　良渚文化主要分布在太湖地区，南以钱塘江为界，西北至江苏省常州一带，其影响达长江北岸的南通地区。

■良渚玉器玉面兽

　　良渚文化类型的重要遗址有江苏吴县草鞋山遗址和张陵山遗址，武进寺墩遗址，无锡先蠡墩遗址，张家港徐家湾遗址；浙江省嘉兴雀幕桥遗址，杭州水田畈遗址，吴兴钱山漾遗址，余杭反山、瑶山、汇观山和莫角山遗址，宁波慈湖遗址，上

海市的上海县马桥遗址，
青浦福泉山遗址等。

良渚文化时期的社会
经济生产，主要体现在农
业和手工业两个方面。水
稻栽培是当时最主要的农
业生产活动，在仙蠡墩、
徐家湾、钱山漾、水田畈
和吴县澄湖等遗址的良渚
文化堆积中，都发现了稻
谷和稻米的遗迹，而且这些稻谷属于人工栽培的籼稻
和粳稻。

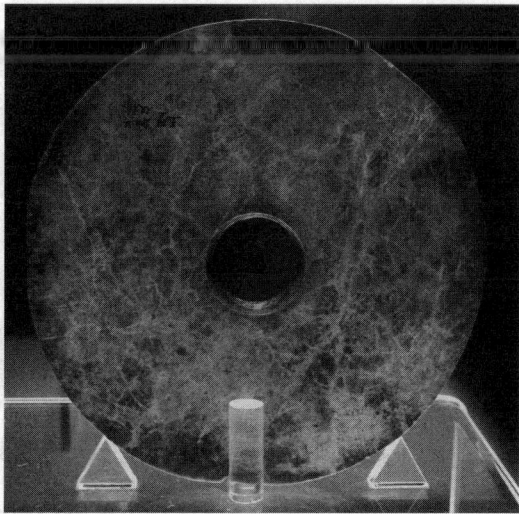

■ 良渚玉璧

除了水稻，良渚人还从事蔬菜、瓜果及一些油料
作物的种植。钱山漾遗址出土了葫芦、花生、芝麻、
蚕豆、甜瓜子、两角菱、毛桃核、酸枣核等遗物，良
渚文化的农作物品种显然比马家浜、崧泽文化增多
了，农业生产的范围也扩大了。

良渚文化的农业生产水平，更重要的标志是新的
耕作方法和生产技术的发明与推广。

犁耕是良渚文化农业耕作的主要方式，在许多遗
址中都发现了当时使用的石犁，仅钱山漾遗址出土的
石犁就有百余件。

石犁有两种形制，一种平面呈三角形，刃在两
腰，中间穿一孔或数孔，往往呈竖直排列，可以安装
在木制犁床上，用以翻耕水田。

另一种也近似三角形，刃部在下，后端有一斜

武进寺墩遗址
位于江苏省武进
县三皇庙村，寺
墩高出地面约20
米，呈椭圆形。
根据地层堆积及
清理两座墓葬，
寺墩遗址分两个
文化层：下层属
崧泽文化，上层
属良渚文化。

慈湖 位于浙江
省宁波市江北区
慈城镇城区的北
部，四季水清如
镜，三面群山
环抱。唐开元年
间，为了灌溉农
田开凿出来的。
慈湖开凿之初得
名"阚湖"，因
其紧傍阚峰，此
水此山皆因历史
人物阚泽而名。

吴越人家

吴越文化特色与形态

涡纹 近似水涡，故为涡纹。其特征是圆形，内圈沿边饰有旋转状弧线，中间为一小圆圈，似代表水隆起状，圆形旁边有五条半圆形的曲线，似由涡激起状。商代早期的涡纹是单个连续排列的，商代中晚期至春秋战国时期，一般与龙纹、目纹、鸟纹、虎纹、蝉纹等相间排列。多用鬲、鼎、罃、瓶的肩、腹部，它盛行于商周时代。

把，是开沟挖渠的先进工具，故又称"开沟犁"。

这两种石犁都是良渚人发明的新式农具，对促进农业生产的迅速发展起着重大的作用。从一开始的耜耕农业发展到犁耕农业，是我国古代农业史上的一次重大的变革。

打井修渠，灌溉农田，是良渚文化在河姆渡、马家浜、崧泽文化之后发展农业的又一重要成就。在吴县澄湖、昆山太史淀、无锡南方泉、江阴夏港、嘉善新港等地，都发现了这一时期的水井。

澄湖发现了100多口水井；太史淀的水井还设有木井圈；嘉善新港水井的井壁是用木筑的。这时的水井，修筑井壁的技术显然继承了河姆渡文化、马家浜文化的特点，并有所提高。更重要的是水井数量急剧增加，其作用不仅是为了日常生活饮用，还被用于农业生产中的灌溉。

良渚文化已拥有陶器、石器、木器、竹器、丝麻纺织、玉雕以及髹漆等多种手工业，而且都达到了较高的水平。其中，以制陶业和玉器制作更为突出，在我国新石器时代晚期占有重要地位。

良渚文化的陶器已经普遍采取了快轮成型的方法，各种陶器造型优美，胎质细腻，器壁厚薄均匀，火候较高。当时已极少彩陶，常在器表用镂刻技巧加以装饰。

一般的器物突出部位刻画出精美的花纹图案，既有形态生动形象的鱼、鸟、花、草等动植物，也有线条纤细、结构巧妙的几何形图案。

上海青浦福泉山遗址和江苏吴县草鞋山遗址出土的良渚文化陶鼎，在丁字形足部镂以新月形和圆形的孔，器盖、盖钮及器身则精细雕刻着圆涡纹、蟠螭纹图案。带盖的贯耳壶有的厚度仅一两毫米，上面也分别细刻着繁复的圆涡纹、编织纹、曲折条纹、鸟形纹、蟠螭纹等纹饰。

有一些陶器把手上附加的编织纹饰，竟是用细如丝线的泥条编叠粘贴而成，足见其制作之精良。

良渚文化的许多陶器，既是美观、大方、实用的生活器皿，又是很精致巧妙的工艺美术品。

良渚文化玉器，达到了我国史前文化之高峰，其数量之众多、品种之丰富、雕琢之精湛，在同时期中国乃至环太平洋拥有玉传统的部族中，独占鳌头。

■ 良渚红陶罐

■ 良渚十二节玉琮 琮是一种内圆外方筒型玉器，是古代人们用于祭祀神祇的一种法器。至新石器中晚期，玉琮在江浙一带的良渚文化、广东石峡文化、山西陶寺文化中大量出现，尤以良渚文化的玉琮最发达。最早的玉琮见于安徽潜山薛家岗第三期文化，距今约5100年。

玉琮是良渚玉器中最具代表的种类。良渚文化的玉琮最发达，出土与传世的数量很多。玉琮的玉材为江浙一带的透闪石质玉石，质地不纯，以青色居多，部分黄色，土浸后呈雾状乳白色。

少数玉琮也呈圆筒状，多制成规整的内圆外方形。琮体切割规整，中孔为管钻对穿而成，中接处常留有两层。

良渚玉琮的形体大小高低不一，一般早期矮，晚期高。玉琮的纹饰十分特别，多为兽面纹。纹饰以四角线为中心，分成4组，随着琮的高低不同，以相同的纹饰分组饰于琮上。

部分玉琮在主体兽面纹外，还用细阴纹刻细"神人"图形和云雷纹。反山遗址出土的神兽纹玉琮，高8.8厘米，重6500克，分4节，被称为琮王。

良渚文化遗址出土的玉璧尺寸较大，一般直径在一尺左右，制作不够规整，璧体往往厚薄不匀，有的表面留有锯痕。玉璧的特征是外缘薄，内缘厚，中央孔径较小。打孔有对钻、单面钻两种。玉璧大多素面无纹，打磨较光亮。

良渚文化遗址出土的玉钺也很负盛名，在反山遗

凤 我国古代传说中的百鸟之王，在远古图腾时代被视为神鸟而予崇拜。它是原始社会人们想象中的保护神，经过形象的逐渐完美演化而来。它头似锦鸡、身如鸳鸯，有大鹏的翅膀、仙鹤的腿、鹦鹉的嘴、孔雀的尾。曾被作为封建王朝最高贵女性的代表，与帝王的象征龙相配。雄的叫凤，雌的叫凰。

址发现了一个最大的玉钺。整个玉钺全部用采自同一块白色带紫赫斑的软玉制成，玉外观形体为扁平状，呈"凤"字形。

两面的刃部上角均以浅浮雕加阴纹细刻琢成神人兽面图像，下角均有鸟纹，其纹样均与同墓所出的大玉琮上形象完全一致。玉钺的表面抛光精致，光洁闪亮。

良渚文化玉钺上雕琢的纹饰，仅此一件，为同类器物中罕见的精品。

值得注意的是，出自同一座墓的玉器，玉质和玉色往往比较一致，尤其成组成套的玉器更为相近。选料有时是用同一块玉料分割加工而成的。

反山遗址出土的玉器中有近百件雕刻着花纹图案，工艺采用阴纹线刻和减地法浅浮雕、半圆雕以及通体透雕等多种技法。

图案的刻工非常精细，有的图案在1毫米宽度的纹道内竟刻有四五根细线，可见当时使用的刻刀相当锋锐，工匠的技术也是相当熟练的。大至璧琮，小至珠粒，均经精雕细琢，打磨抛光，显示出良渚文

■ 良渚文化遗址出土的玉钺 钺 我国古代武器及礼器的一种，为一长柄斧头，重量也较斧更大。早在新石器时代良渚文化遗址中，已发现玉制的钺，在当时具有神圣的象征作用。后因形制沉重，灵活不足，终退为仪仗用途，常作为持有者权力的表现之用。

化先民高度的玉器制造水平。

良渚文化的玉器制造业，承袭了马家浜文化的工艺传统，并吸取了北方大汶口文化和东方薛家岗文化各氏族的经验，从而使玉器制作技术达到了当时最先进的水平。

与此同时，竹木器制造行业也有了一定发展。许多遗址都发现了木器和竹编器物，钱山漾遗址集中出土了 200 多件竹制品，说明这种手工业也成为一些氏族成员专门从事的生产劳动。

良渚镇的庙前遗址，出土了木豆、木盘、木矛和木箭镞等一批罕见的木制品；宁波慈湖遗址也出土了木耜、木桨、木屐，还有用树杈制成的锛柄和镶嵌牙齿钻头的木钻，可见当时的竹木制品多么丰富。手工业内部不同行业的分工、在良渚文化晚期已经出现。

吴越人家

吴越文化特色与形态

阅读链接

良渚古城南北长1.8千米至1.9千米，东西宽1.5千米至1.7千米，总面积约290多万平方米。布局略呈圆角长方形，正南北方向。城墙底部普遍铺垫石块作为基础，在石头基础以上用较纯净的黄色黏土夯筑而成。四面城墙的堆筑方式基本一致，从堆筑技术上反映了城墙的整体性。

城墙内外均有护城河，壕沟边缘有叠压着城墙堆土的良渚文化晚期堆积。

城墙建筑相对更考究：铺垫的石头尖锐很多，明显是人工开凿；城墙外侧石头相对大点，越往里越小；堆筑的黄土层中，有时会掺加一层黑色的黏土层，增加了城墙防水能力。

西墙白原畈段还发现了一个良渚文化晚期的灰坑打破城墙，反映了这座古城使用或废弃的下限不会晚于诸文化晚期。从整个良渚遗址和良渚文明的年代推算，古城应该是建于距今5000年前左右的新石器时代。

江浙拾英

吴越文化，又称"江浙文化"，是指江浙地区的地域文化。

吴地位于太湖流域的平原上，是典型的江南鱼米之乡；而越地临海滨江，山多平地少，俗称"七山二水一分田"。

由于地理环境的差异，吴文化的内涵就多一些典雅、精巧和柔美，越文化就多一些通俗、朴素和阳刚。

后来楚国统一吴越之地，吴越文化与楚文化相交汇，致使此地的绘画、青瓷、云锦等风格明秀绮丽，建筑、景观等恢弘。

彪炳千秋的吴越书艺

吴越书法的第一位书法家是三国时期吴国的皇象，广陵江都人，官至侍中。善八分书，精于篆休，尤工章草。其书用笔沉着痛快，纵横自然，有"实而不朴，文而不华"之评。相传皇象所书的《天发神谶碑》，可谓书法史上之一大奇观，其"雄奇变化，沉着痛快"，令人叹为观止，"为两汉来不可无一，不能有二之第一传迹"。

吴越现存书法家真迹中，年代最早的一件珍贵书品是西晋陆机的《平复帖》。陆机，吴郡华亭人，少有异才，而且工书法，善行草，尤善章草。与东汉简牍上的章草相比，

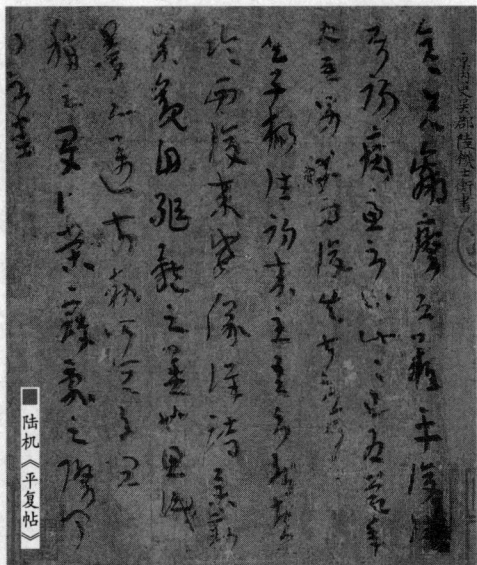

陆机《平复帖》

■ 王羲之（303年—361年），字逸少，号澹斋。人称"王右军""王会稽"。生于晋代山东琅琊，即今山东省临沂市。东晋书法家，有"书圣"之称。其子王献之书法也佳，世人合称为"二王"。代表作品有《兰亭集序》等。其书法的章法、结构、笔法为后世效法，影响深远。

陆机章草在结体与章法上都更趋成熟，也更有个性，是由章草向行草过渡阶段有代表性的书体。其用行书写的《遥想帖》，在书法史上也极负盛名。

皇象和陆机的风格质朴，可谓吴越书风的萌芽时期。及至东晋，二王的出现和崛起，使吴越书法由古质浑朴变为妍美秀逸，从而开辟了书法艺术的新境界。

王羲之初于琅琊临沂，后迁居无锡洛社，定居会稽山阴。善书法，有"书圣"之称，其楷、行、草、隶、八分、飞白、章草皆入神妙之境，成为后世崇拜的名家和学习的楷模。

王羲之代表作品有：楷书《黄庭经》《乐毅论》，草书《十七帖》《初月帖》，行书《姨母帖》《快雪时晴帖》《丧乱帖》《兰亭集序》等。

其中，《兰亭集序》为历代书法所敬仰，被誉作"天下第一行书"。王羲之兼善隶、草、楷、行各体，精研体势，心摹手追，广采众长，备精诸体，冶于一炉，摆脱了汉魏笔风，自成一家，影响深远。

其书法平和自然，笔势委婉含蓄，遒美健秀，世人常用曹植的《洛神赋》中"翩若惊鸿，宛若游龙，荣曜秋菊，华茂春松。仿佛兮若轻云之蔽月，飘摇兮若流风之回雪"一句来赞美王羲之的书法之美。

吴越人家

吴越文化特色与形态

■ 王羲之行书
《廿九日帖》

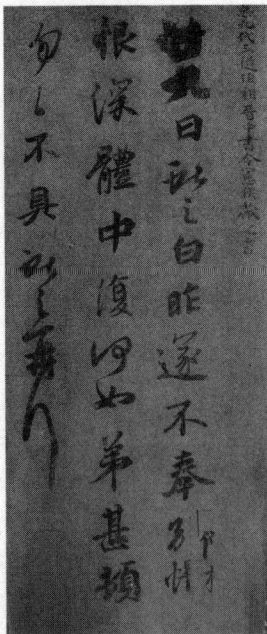

与王羲之齐名而并称的是他的第七子王献之，他自幼学书于父，又能打破楷、草之界限，形成了亦楷亦草的新体行书，既保留楷书的工稳，又兼有草书的流畅。此外，王献之在草书上具有连绵不断一笔书的风格。

以王氏为代表的秀逸书风，奠定了吴越书法风韵的基调。

南朝书法家在书法史上占一席地位的则有萧思话、张永、薄绍之、张融、陶弘景等。

薄绍之，字敬叔，其书初学"二王"，精于行、草，"字势蹉跎，如舞女低腰，仙人啸树，及至挥毫振纸，有疾闪飞动之势"。

唐代是书法史上第二个辉煌的时代。由于唐太宗李世民崇尚王羲之书，吴越书风得到了很大的发展，当时著名书法家几乎都是宗法"二王"的。

这一时期的名家主要有陆柬之、孙过庭、李邕、张怀瓘、蔡希综、张旭、沈传师等。

孙过庭，字虔礼，唐吴人。他是初唐著名书法家与书法理论家。工行、草书，尤以草书盛名。唐人评其草书为"丹崖绝壑，笔势坚劲"，宋人米芾甚至认为"凡唐草得二王法，无出其右"。

李邕，字泰和，江都人。兼工行、草书，李阳冰谓其为"书中仙手"。他取法"二王"而能自成一家，体势方而顿挫圆，笔力峻而气度缓，纵横捭阖，风采动人。

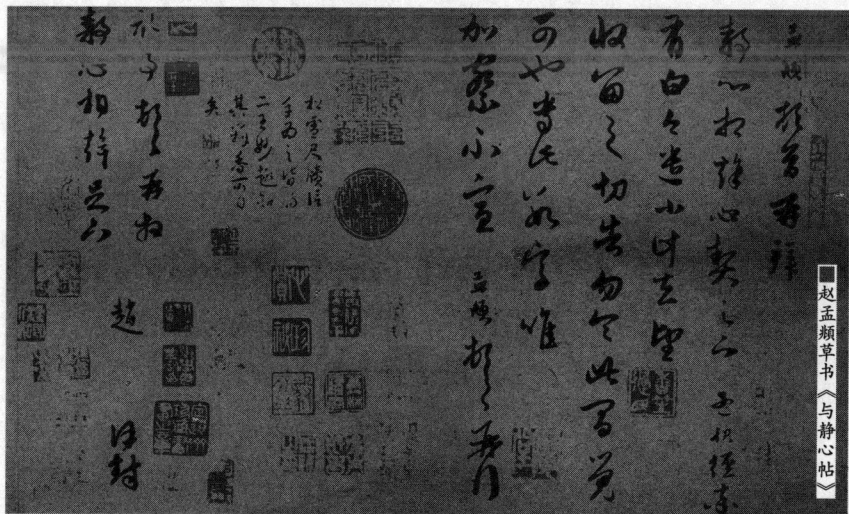

他反对一味模拟，曾言"学我者死，似我者俗"。其书在书法史上影响甚巨，传世作品最有代表性的为《云麾将军李思训碑》。

张旭，字伯高，唐吴县人。精通楷法，尤工草书，逸势奇状，连绵回绕，妙绝古今。颜真卿曾向他请教笔法，怀素继承、发展了他的草法，名为"狂草"。

张旭草书对后世影响极大，被尊为"草圣"；传世墨迹较多，以《草书古诗四首》最为有名。

宋人书法一变晋唐面目，弃王羲之笔法而追踪颜真卿。所以，二王这一脉系的笔法在宋朝受了挫，至元朝才又恢复。这一恢复的力量几乎是赵孟頫一个人的力量。

赵孟頫的书艺特点为尚古尊帖，不仅力追二王，并且力追远古，对篆书及隶书、章草无不刻苦学习。

元代的书法，在吴越地区最具特色的是文人画家书法，主要有袁易、龚璛、张雨、柯九思、倪瓒等人。

张雨，初名泽之，字伯雨，又字天雨，后易名为雨。他是元代著名诗人、书法家。

张雨本为钱塘人，30岁入道，往茅山受《大洞经箓》，赵孟頫以陶弘景方之。后曾主修《茅山志》，传元刻《茅山志》为其手书。其书受赵孟頫指授，尤擅行书。传世作品有《为孔诏书归诗》卷。

柯九思，字敬中，号丹丘生等，本台州仙居人，寓苏州之胭脂桥。博学能诗，擅长书画，又工词曲。擅长画墨竹，书风古朴老到，时参以拙气，浑厚而有韵致，用笔善变化，喜用焦墨。

宋元江南书法，承六朝至唐余风，又得江南山川风物之助，直接开启了明代盛极一时的"吴门书派"。

所谓吴门书派，乃是指承明初"三宋二沈"书风，继以沈周、吴宽以及沈周弟子文徵明等为代表的书法流派。由于文徵明弟子甚众，吴门书派阵容强大。吴门书派大盛于明中叶，波及于明末清初，在书法史上影响巨大而又广远。

画家倪瓒也是一位杰出的书法家。其楷书以晋人为宗，笔调秀美典雅，细观其用笔，锋芒藏露之间，含蓄蕴藉，富有"道风禅韵"。其传世作品《跋米芾诗》，就颇耐人反复把玩。

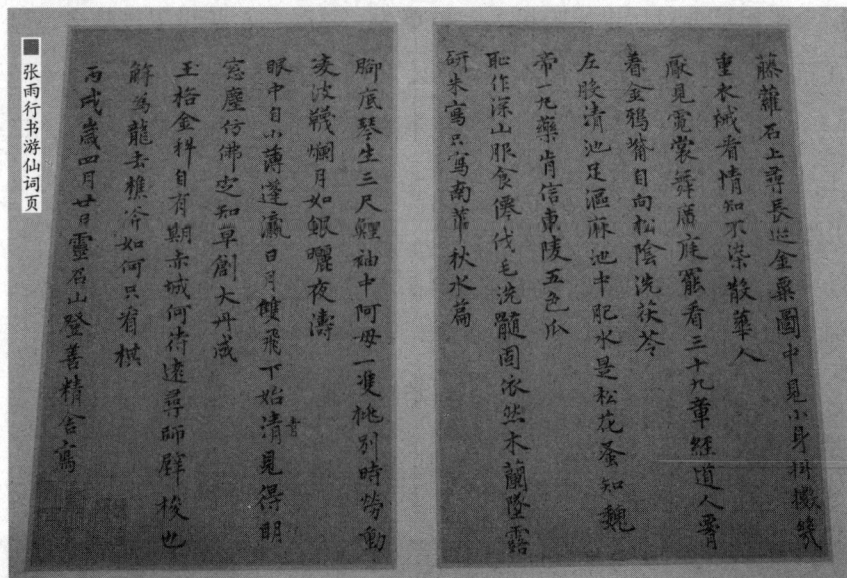

张雨行书游仙词页

■ 倪瓒的《幽涧寒松图》

明代初书风，承宋元余绪，以复古为主，尤以赵孟頫影响最深，而且为帖学笼罩，建树未多。唯行草繁盛，简牍之美，直欲超越唐宋。行草之外，小楷成就也可观，篆隶则不逮古人。

明代初期"三宋二沈"，实为继轨前代，沈周、吴宽等出，力追古人，气格渐高。及至祝允明、文徵明、王宠出，乃由子昂上窥晋唐，得与元人争胜，这就是所谓吴门书派的兴起。

祝允明精工诸体，小楷学钟、王，狂草宗怀素、黄庭坚，笔力劲健飘逸，不可端倪。能融合各家，自成风格。其草书《曹植名都篇》《歌风台》等纵横飞动，历来为人所称赏。

据说文徵明年少时拙于书，初习宋元人，悟得笔意后，即专宗晋唐，逐渐形成一种流畅遒劲、安恬自然的书风，堪为后人楷模。

黄庭坚（1045年—1105年），北宋诗人、词人、书法家，为盛极一时的江西诗派开山之祖，而且，他跟杜甫、陈师道和陈与义素有"一祖三宗"之称。诗歌方面，他与苏轼并称为"苏黄"；书法方面，他则与苏轼、米芾、蔡襄并称为"宋代四大家"。

文徵明家族及其弟子，有不少为吴门书派后劲翘楚，如文彭、文嘉以及孙文肇祉、曾孙文震孟等皆能承家学，都是吴门书派中劲旅。

王宠与祝、文二家合起来被称为"吴门三家"。宠字履吉，号雅宜山人，吴县人。能诗文，工书画，尤精小楷，其行书法王献之，以拙取巧，疏秀出尘，妙得晋唐人笔法，文徵明曾推其为第一。又工篆刻，当时与文彭齐名。传世墨迹《楷书千字文》工秀雅洁，行草《宿二雀寺二首》流泻清隽，一派书卷气。

至明代末期，松江派继响吴门派，又出现了以董其昌为代表的华亭、松江书家，实可视为吴门余绪。

吴门书派几乎贯穿明代，是明代最大的书法流派，也是影响最广泛最深远的流派。就祝、文、王三家而言，风气相尚，家学承续。书法世家对吴中书法的繁荣、发展贡献很大。

清朝书坛初学董其昌，再学赵孟頫，及至碑学兴起，吴越书风也随之变化，丧失了崇尚王派书系与注重清和秀逸的特点。

阅读链接

从汉字书法的发展上看，魏晋是完成书体演变的承上启下的重要历史阶段，是篆隶真行草诸体咸备俱臻完善的一代。隶书产生、发展、成熟的过程就孕育着楷书，而行、草书几乎是在隶书产生的同时就已经萌芽了。

真书、行书、草书的定型是在魏晋200年间。它们的定型、美化无疑是汉字书法史上的又一巨大变革。

这一书法史上了不起的时代，造就了两个承前启后、巍然卓立的大书法革新家，钟繇与王羲之。他们揭开了我国书法发展史的新的一页，树立了真书、行书、草书美的典范。

此后历朝历代，学书者莫不宗法"钟王"，盛称"二王"，甚至尊王羲之为"书圣"。

巨擘辈出的吴越绘画

从三国时期的东吴开始，江南旖旎的山水景致，造就了一代又一代的画家；吴越地区深厚的文化土壤，滋润出无数的艺术巨匠。

尤其是南宋时期以后，经济发达而文风炽盛，画坛巨擘辈出，这些不断涌现的艺术大师既有师承，又不断创新和突破，形成了群星璀璨的局面。

同时，宋元时期之后，以绘画旨趣及表现方法之类，凝结成一定的群体，如元四家、明四家、浙派、吴派、松江画派、

顾恺之塑像

■ 顾恺之的《女史箴图》局部

吴越人家

吴越文化特色与形态

严武 字子卿，三国时期东吴的棋士。他擅长下围棋，同辈中无人能胜过他，所以有"棋圣"之称，他与同时期擅长不同技艺的吴范、刘惇、赵达、皇象、曹不兴、宋寿和郑姬合称"东吴八绝"。

顾恺之（348年—409年），晋陵无锡人。博学有才气，擅长诗赋、书法，尤善绘画。顾恺之与曹不兴、陆探微、张僧繇合称"六朝四大家"。顾恺之作画，意在传神，其"迁想妙得""以形写神"等论点，为我国传统绘画的发展奠定了基础。

苏州四王、扬州八怪等，在画坛上造成了相当的冲击力，呈现出极为繁盛的态势。

吴门画家的创始人为丹阳郡吴兴人曹不兴。曹不兴与皇象善书、严武善弈等号称"吴地八绝"之一。因善画人物衣纹褶皱，绘画史上有所谓"曹衣带水，吴带当风"之说。

师法曹不兴的卫协，为西晋画家。卫协的画风又对大画家顾恺之影响很大。顾恺之多才艺，工诗赋、书法，尤精于绘画，兼擅人像、神仙、佛像、禽兽、山水等，世传有"三绝"之誉，即才绝、画绝、痴绝。

顾恺之的画迹传世者除了著名的《维摩诘像》有摹本外，还有堪称杰作的《女史箴图》《列女传图》等。顾恺之在我国绘画史上的地位是崇高的，足以领袖群伦，在江南历代画家中，堪称"画圣"。

南宋时期绘画，是我国绘画史上第一个繁盛时期，江南画家以顾恺之为宗，以人物佛像画为主，兼及山水、花卉，为后世中国画的发展奠定了坚实的基础。

在格调和韵致上，也大致确定了以传神为美，重在抒情写意的基本美学风貌。这是江南画家对我国绘画史的重要贡献。

南宋时期画家中，在宋有陆探微，在梁有张僧繇。陆、张两家，皆为吴人。陆探微师承顾恺之，善画人物，兼工马匹、花鸟、虫鱼及山水。

张僧繇为南朝梁画家中冠冕一代的佼佼者。他擅长为人物故事及佛像绘画。梁武帝崇信佛教，凡装饰佛寺，多命其画壁。所绘佛像，自成一格，号为"张家样"，多为雕塑佛像者所临摹。张也精于人物肖像，并擅长于风俗画，尤工画龙。

唐代政治中心在长安，著名画家中多为北方人士，然吴越绘画不断发展。值得一提的是吴郡人张璪。擅长写山水树石，擅长于泼墨，尤工画松。相传其能双手握笔，同时作画，人称"双管齐下"。

南唐都于金陵，中主李璟提倡绘事，在金陵创立了翰林图画院，史称"南唐画院"。

于是，如曹仲玄、周文矩、顾闳中、顾德谦、王齐翰、董源、徐熙、董羽、卫贤、赵干等蜚声大江南北的画家，都云集于画院之中。

江南人顾闳中为画院中的待诏，其画工人物，用笔圆劲，间以方

董源《笼袖骄民图》

山水画 我国山水画简称"山水"。以山川自然景观为主要描写对象的中国画。形成于魏晋南北朝时期，但尚未从人物画中完全分离。隋唐时始独立，五代、北宋时趋于成熟，成为中国画的重要画科。在传统上按画法风格，山水画分为青绿山水、金碧山水、水墨山水、浅绛山水、小青绿山水、没骨山水等。

■ 顾闳中作品《韩熙载夜宴图》局部

笔转折，设色浓丽，善于捕捉与描摹神情意态。传世的代表作《韩熙载夜宴图》就体现出这些特色。

句容籍画家周文矩也是南唐画院中的翰林待诏，他擅画人物、楼观、车马、山林、泉石等，尤工于仕女，多以宫廷贵族生活为绘画题材。其风格近于唐周昉而更趋纤丽。

在笔法上，周文矩多采用曲折战掣的线条表现衣纹褶皱，被称为"战笔"。存世作品有《重屏会棋》《明皇会棋》以及《琉璃堂人物》等图，均系摹本。其中《重屏会棋》可视为其代表作。

南唐山水画家中，当首推董源和宗董而又能出新的巨然，时称"董巨"。董源善于描绘江南景色，常以水墨或淡着色画山水，以状如麻皮的皴笔表现山峦。

工秋岚远景，多写江南真山水。传世作品有《寒林重汀》《夏山图》等。巨然师法董源水墨山水一

路，而有变化发展，善为江南烟岚气象和山川高旷之景色。布景天真活泼，用笔清润流泻。

"董巨"画派，乃是五代、宋代初南方山水画的主要流派，在我国山水画史上影响极为深远。

两宋时期画家中，值得一提的还有南宋淮阴人龚开，山水师"二米"，人物仿曹霸，用笔粗豪，雄健简练，尤擅长画墨鬼钟馗等。画马往往瘦骨嶙峋，寓有老无所用之感慨。存世画迹有《中山寻游图》《骏骨图》等。

元明时期以降，吴门画派渐次崛起。

元代人画迹，趋重神逸，尤以山水画为极盛。元代人山水画，则不能不首推"元四家"。

黄公望50岁开始山水画创作，在画史上被推为元四家之冠。其山水画宗法"董巨"，又得赵孟𫖯指授，终能自成一家。

画风大略不出两格：一是作浅绛色基调者，山头

守护之魂

江浙拾英

多矾石，笔势雄奇酣畅；一是通幅作水墨者，极少皴笔，以草籀笔法入画，意趣高古简远。

传世画迹主要有《富春山居图》《天池石壁图》《九峰雪霁图》《溪山雨意图》及《富春大岭图》等。

元代四家中无锡人倪瓒，擅长水墨山水，宗法董源，又参以荆浩、关仝笔意，创为"折带皴"法以写山石。画迹多取材太湖流域景色，浅水遥岑，疏林坡岸，意境萧疏清远。

■ 黄公望作品《九峰雪霁图》

其存世画迹有《雨后空林图》《水竹居图》《江岸望山图》《渔庄秋霁图》《梧竹秀石图》等。

元四家中吴兴人王蒙，系赵梦頫外孙。他的绘画既秀润清秀，又纵逸多姿。如他的《青卞隐居图》，董其昌誉为天下第一。

嘉兴人吴镇，他的画法有两个特点，其一注重用笔，一秃笔中锋勾勒树石；其二是多用湿墨。

明代中叶前后，吴门画派继元四家而兴起。其中最有代表性的画家为沈周、文徵明、唐寅、仇英四大家，又称"明四家"，而开山的人物，则是沈周。

沈周擅画山水，笔墨豪放，风格浑厚沉着，间作工细之笔，于严谨中仍具浑沦之势，人称"细沈"。所画多取景江南山川园林景物，兼工花卉与鸟兽，喜用重墨浅色，别饶韵致。

文徵明诗文与祝允明、唐寅、徐祯卿齐名，人称"吴中四才子"。擅长画山水，也兼花卉、兰竹、人物，名重当时，从学者甚众，为吴门画派中能自成家数的佼佼者之一。

唐寅工画人物、花鸟，笔墨秀润峭利，景物清雅生动，工笔、写意俱佳，尤工于仕女画，擅长山水。多取法南宋李唐、刘松年，兼采元四家笔意，变斧劈皴法而为细长清劲之线条皴法。

最能体现其风格的代表作当属《孟蜀宫伎图》，人物造型生动，笔法细腻匀称，色彩浓丽典雅。

仇英的人物画功夫最深，长于设色，白描、水墨兼擅，尤以仕女画见长，"资诸家之长而浑合之"，形成了自己的独特风格。传世作品有《剑阁图》《秋江待渡图》等。

明代末期越地还有一位影响较大的画家陈洪绶，他擅长人物、花

■ 王蒙的《青卞隐居图》

鸟、山水，风格雄奇，最为人所推重的是他的人物画。

清代的绘画，以花鸟画最为发达，除了恽寿平与常州派外，有两个重要的流派不能不谈及。

一是"金陵八家"，指明末清初南京的8个画家：龚贤、樊圻、高岑、邹吉、吴宏、叶欣、谢荪、胡慥，其中成就最高者为龚贤。龚贤性孤僻，与人落落寡合，是一个隐居不仕，以诗文书画自娱的"雅士"。擅长山水，取法董源、吴镇，能自出机杼。作画重视写生，用墨层层染渍，苍润浓厚。

还有扬州画派，其中变现出与当时宫廷派和正统派画风相左的，是扬州八怪。

二是"扬州八怪"。八怪中影响较大者为郑板桥，他的绘画以兰、竹、石为主要描绘对象，其次是松、菊、梅等。

阅读链接

金农学问功底深厚，书画古劲绝纶，号为"三朝老名士，百年大布衣"。

有一次盐商在平山堂大宴宾客，金农也在其中。席间，有人提出以"飞红"为题创作饮酒诗。

正轮到某一盐商，他绞尽脑汁，想不出来。大家要罚他酒，他忽然说："有了！'柳絮飞来片片红'，怎样？"

众人大笑："柳絮白如雪，岂能'片片红'？"

他正在尴尬之际，金农起来解围说："这是元人咏平山堂之诗，他引用很确切。"众人要他说出全诗，金农从容不迫地吟道："廿四桥边廿四风，凭栏犹忆旧江东。夕阳返照桃花渡，柳絮飞来片片红。"

说柳絮在夕阳照射之下变为红色，非常传神。大家都夸赞金农博闻强记，能将冷僻的元诗脱口背出。其实，元人并无此诗，乃是金农随意吟出。那位盐商大喜，第二天送给金农1000两白银。

国之瑰宝的浙江三雕

我国是一个崇尚雕刻而又十分擅长雕刻的国度，在品种繁多，流派纷呈的数以百余种民间雕刻工艺中，历史悠久的乐清黄杨木雕、青田石雕和东阳木雕并称"浙江三雕"，在浙江大地上绽放异彩。

黄杨木雕因所雕刻木材是黄杨木而得名。黄杨木生长缓慢，四五十年的直径仅有15厘米左右，所以有"千年难长黄杨木""千年黄杨难做拍"的说法。

相传最早是由一位雕塑神像、佛像的民间艺人，因一次偶然的机会才发现了黄杨木质地坚韧光洁，纹理细密，色黄加象牙，年久色渐深，古朴美观，硬度适中，

■黄杨木雕佛像

■ 黄杨木雕

是一种雕刻小型圆雕的最佳材料。

浙江乐清是我国黄杨木雕的主要产地，故称"乐清黄杨木雕"。乐清黄杨木雕创始于宋、元代，流行于明、清代。

黄杨木雕起源于民间元宵节时盛行的"龙灯会"上木雕龙灯装饰的木雕小佛像。至清代末期发展成为以精细见长的优美的工艺欣赏品，供人们案头摆设。

作品受清代末期文人画的造型风格和线条影响，具有刀法纯朴圆润，细密流畅，刻画人物形神兼备，结构殷实相间和诗情画意的特色。内容题材大多表现我国民间神话传说中的人物，如：八仙、寿星、关公、弥勒佛、观音等。

青田石雕有着6000年的历史和旺盛生命力。青田石是我国"四大名石"之一，作为主流印石，其素有"图书石"的美称，而作为传统工艺美术奇葩的青田石雕，则因其风格写实而尚易，精妙而大器，自成流派，素有"天下第一雕"之美誉。

元宵节 又称为"上元节""春灯节"，我国汉族传统节日。又称小正月、元夕或灯节，是春节之后的第一个重要节日。元宵节的习俗在全国各地也不尽相同，其中吃元宵、赏花灯、猜灯谜等是元宵节几项重要民间习俗。

关于青田石雕的渊源还有一个传说：

古时，青田山口村住着一位青年农民，靠卖柴度日。

一天，他在山上砍柴时不小心将柴刀砍在石头上，石头被劈落一块，捡起一看，那石头晶莹透亮，色彩斑斓，美丽极了。他将那块石头带回家，琢磨成一颗石珠，挂在女儿的脖子上。

乡亲们争相观看，后来纷纷仿效，上山寻找那奇妙的石头，做成各式各样的装饰品。

据史料记载，青田石雕工艺发端于六朝时期，讲究因材施艺，因色取巧，有相石、开坯、雕琢、封蜡、润色等工序，尤以镂雕技艺见长，而且圆雕、镂雕、高浅浮雕、线刻交替使用。

青田石雕题材广泛，鱼虫花鸟、山水人物皆

■青田山水石雕

有，均精雕细刻，神形兼备，写实尚意诸法齐备，大气之中不失精妙，工艺规范，自成一格。

唐宋时期，青田石雕有了新的发展。从龙泉双塔内发现的五代吴越国时期的青田石雕佛像造型说明，唐代青田石雕创作题材和技艺有突破性的进展。

至宋代，青田石雕吸收了"巧玉石"制作工艺，运用"因势造型""依色取巧"的技巧，并发挥青田石自身石色、石质、可雕性的优势，开创了"多层次镂雕"技艺的先河。

多层次镂雕是青田石雕一大特色。精致入微的刻画和复杂层次的处理是任何玉石雕刻都难以做到的。

清代，青田石雕作为江南名产屡被选作贡品。乾隆八旬万寿节，大臣们用青田石雕制作了一套60枚"宝典福书"印章作为寿礼。

吴越人家

吴越文化特色与形态

■ 青田石雕观音菩萨像

后来，随着远洋商贸开通，青田石雕远销英、美、法；多次参加国际性赛会，并在1899年巴黎赛会、1905年比利时赛会、1915年美国太平洋万国博览会上展出获奖。1910年，青田石雕在南京举办的南洋劝业会上获银牌奖。

青田石雕作为传统的工艺精品，其雕刻技巧、风格塑造和情趣意境，都达到了前所未有的完美程度。

东阳木雕，又称"白木雕"，自唐至今已有千余年的历史，是中华民族最优秀的民间工艺之一，被誉为"国之瑰宝"。

东阳木雕约始于唐而盛于明清时期。据说，唐代活鲁班华师傅为冯宿冯定兄弟营造厅堂，准备接檩上梁时，一复查，180根楠木大梁全短了1.2尺，活鲁班大惊。

这时，刚好有一个老翁上门要鱼要肉，活鲁班款待了他，老翁把两条鱼尾分移在两碗上，像两个鱼头相对，伸出一截，然后用一筷子往两嘴一套，就扬长而去。

活鲁班突然领悟，立刻命匠工做了360个鱼头，固定在柱头上。以此把梁接住，柱上按鱼头，新颖又美观，而且鱼头与余头谐音，大吉大利，后人又在鱼头上加上牛腿，这便成了最早的东阳木雕。

至宋代，东阳木雕已具有较高的工艺水平。961年所雕的善才童子和观音菩萨像造型古雅端庄，足以说明东阳木雕当时的水平与风格。

当明代盛行雕刻木板印书后，东阳逐渐发展成为明代木雕工艺的著名产地。主要制作罗汉、佛像及宫殿、寺庙、园林、住宅等建筑装饰。

至清代乾隆年间，东阳木雕已闻名全国，当时约

■ 木雕花瓶

几案 长桌子，也泛指桌子。人们常把几和案并称，是因为二者在形式和用途上难以划出截然不同的界限，"几"是古代人们坐时依凭的家具，"案"是人们进食、读书写字时使用的家具，其形式早已具备，而几案的名称则是后来才有的。

蟠螭 生得虎形龙相，相传是龙与虎的后代，具有龙的威武和虎的勇猛，因而在古代军队的军旗、印章以及兵器上经常出现。春秋至秦汉之际，青铜器、玉雕、铜镜或建筑上，常用蟠螭的形状作装饰，其形式有单螭、双螭、三螭、五螭乃至群螭多种。

有400余名能工巧匠进京修缮宫殿，有的艺人被选进宫雕制宫灯及龙床、龙椅、几案等、后来又发展到在民间雕刻花床、箱柜等家具用品。

东阳木雕广泛应用于建筑和家具装饰，形成整套的技艺和完善的风格，存有卢宅"肃雍堂"和白坦"务本堂"、马上桥"一经堂"等明清古建筑及"千工床""十里红妆"等家具。

在雕刻题材方面，早期的东阳木雕受宋都南迁后带来的中原文化影响，较多地采用奔虎、蚪龙、朱鸟、白鹿、蟠螭等图腾形象和神话故事人物为创作对象。

明清时期，受古典文学和戏曲文化的影响，文学典故和剧情故事大量出现在雕刻题材之中。清代晚期以后，书画艺术深深地影响了东阳木雕的创作。

东阳木雕以悠久的历史，丰富的品类，生动的神韵，精美的雕饰，精湛的技艺和广泛的表现内容而名扬海内外。

它是我们民族的瑰宝，东方文明中一颗璀璨夺目的明珠。它蕴含着我国人民的智慧，融会了中华民族特有的气质和文化素养，它在世界民间雕刻史上也是独树一帜的。

东阳竹编与东阳木雕堪称盛开在东阳江畔的一对民间工艺艺术姊

■ 东阳竹编白鹤鼎

妹花，也是我国传统工艺美术园地中的一个很有特色的品种。

竹编工艺起源于原始社会。东阳竹编在殷商时代问世，宋代以元宵节灯著名。东阳竹编的元宵花灯、龙灯和走马灯之类竹编工艺灯，在宋代已闻名四方。

明清时期，竹编技艺发展迅速，竹编工艺品的艺术性与实用性进一步紧密结合，上至送往京城皇亲国戚的"贡品"，下到寻常百姓的家常生活用品，比比皆是。

当时的竹编工艺，主要生产门帘、果盒、托篮等产品，其中书箱、香篮还广泛流行于绍兴、诸暨、嵊州、新昌一带。

清朝以前选为贡品，在1915年巴拿马国际博览会上获奖。

东阳竹编松鼠

阅读链接

杜云松是浙江东阳人，他能画善雕，技法全面，无论是浮雕还是深雕，无一不精。他的木雕题材广泛，有"木雕皇帝"之称。

在清末民初，形成以杜云松为"皇帝"、黄紫金为"宰相"、楼水明为"状元"、刘明火为"榜眼"的东阳木雕王国。

杜云松从事东阳木雕艺术61载，成为著名的东阳木雕艺术家。他还参与创办东阳木雕技校，为东阳木雕的繁荣发展培养了许多人才。

晚年，他的木雕技艺已达炉火纯青的境界，可以不用图稿而能当面持刀雕刻真人肖像，所雕刻的许多人物肖像，栩栩如生，令人称赞。

至善至臻的南京云锦

在古代丝织物中，"锦"是代表最高技术水平的织物。南京云锦，集历代织锦工艺技术之大成，因其绚丽多姿，灿若云霞而得名。它与成都的蜀锦、苏州的宋锦、广西的壮锦一起，并称为我国的四大名锦，而且是四大名锦之首。

南京云锦肩章

南京云锦浓缩了我国丝织技艺的精华，系我国织锦工艺中的一种传统提花丝织锦缎，素有"中华一绝"和"世界瑰宝"之美誉。

云锦的产生和发展与南京的建都史紧密结合，又与南京作为中国东南地区重镇的历史地位密切相关。

南京云锦发源于3世纪的

吴国，至东晋末年，大将刘裕先后攻克洛阳和长安，灭后秦，并将长安的"百工"全部迁到建康。

417年，设立了中央一级的管理织锦的官署锦署，其地点就在都城

■ 南京云锦孔雀

东南秦淮河畔的斗场市，故又名"斗场锦署"。考虑到后秦"百工"中的织锦工匠是继承了两汉、曹魏、西晋以至"十六国"前期的织锦传统技艺，而"十六国"前期的少数民族统治者尤其钟爱织金锦，这正是云锦的主要特征之一。

至元代，蒙古人入主中原，统治者用真金装点官服，加之当时国力扩张，黄金开采量增大，使以织金夹银为主要特征的云锦脱颖而出，后来居上，成为最珍贵、工艺水平最高的丝织品种。受到封建君主和豪门贵族的宠爱，也受到蒙、藏、维吾尔等少数民族人民的喜爱。

此后，元、明、清时期都指定云锦为皇室御用贡品。历代统治者相继在南京设立官办织造局，专门管理云锦的生产并垄断了云锦的销售。这在客观上又进一步推动了云锦的发展和繁荣。

清代康熙、雍正年间，南京云锦生产达到高峰，秦淮河一带机户云集，机杼声彻夜不绝，云锦产量空前。

《红楼梦》作者曹雪芹祖上三代四人曾任清代江

秦淮河 是南京古老文明的摇篮，南京的母亲河，历史上极负盛名。这里素为"六朝烟月之区，金粉荟萃之所"，更兼十代繁华之地，被称为"中国第一历史文化名河"。

蜀锦 大多以经向彩条为基础起彩，并彩条添花，其图案繁华、织纹精细，配色典雅，独具一格，是一种具有民族特色和地方风格的多彩织锦。蜀锦因其历史悠久、工艺独特，有四大名锦之一的美誉。

嫔妃 帝王妻妾。我国古代皇宫里的女官。嫔，原意为宫廷女官；多指皇帝的妾，侍从。亦可作动词，帝王女儿出嫁之意。妃，原意为配偶，多指帝王的妻，位次于皇后；亦指太子、王、侯的妻。

朝廷 我国古代，被诸侯、王国统领等共同拥戴的最高统领者，从而建立的一种统治机构的总称。在这种政治制度下，统领者一般被称为皇帝。朝廷后来指帝王接见大臣和处理政务的地方，也代指帝王。

宁织造官达65年之久。云锦织造鼎盛时拥有3万多台织机，近30万人以此和相关产业为生，是当时南京最大的手工产业。

云锦的织造工艺高超精细，富有创造性，特点是通经断纬，挖花妆彩。云锦采用的织机叫大花楼木织机。它机长5.6米，宽1.4米，高4米，设计非常科学合理。每台织机分楼上楼下两部分。

织造时，楼上拽花工根据花本要求，提起经线；楼下织手对织料上的花纹，妆金敷彩，抛梭织纬，一根纬线的完成，需要小纬管多次交替穿织，自由换色，工艺十分复杂，上下两人配合，一天仅能织五六厘米，所以有"寸锦寸金"之说。

这种织造方法的优点是：一根纬线，通过多次挖花完成，配色自由，不受色种限制，相同的单位纹样，可织成不相重复的色彩，使整件产品典丽和谐。

这种独特的织造技艺，仍无法用现代化机器替代。

云锦的织造工艺除"挑花结本""通经断纬"以外，夹金织银也是云锦的一大特点。

■ 南京云锦龙袍

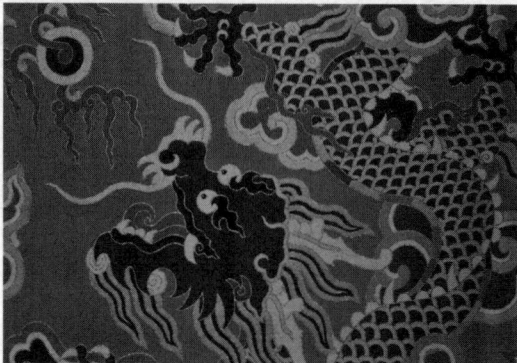

织物显得雍容华贵，金碧辉煌，满足了皇家御用品的需要。正因为长期是宫廷用品，在制作中不惜工本代价，才使云锦后来居上，达到织锦工艺登峰造极的地步。

云锦主要有"织金""库锦""库缎""妆花"四大类品种，用于皇帝龙袍、皇后凤衣、霞披、嫔妃的丽装靓服、宫廷装饰及坐、褥、靠垫、枕被等实用品。云锦有时还作为朝廷礼品，馈赠外国君主和使臣以及赏赐大臣和有功之人。

织金，又名"库金"，也因织成后即入内务府的"缎匹库"而得名。织料上的花纹全部用金线织出的，称"库金"；全部用银线织出的，叫做"库银"。

库金、库银同属专织云锦的大花楼木织机的一个品种，被统名为"织金"，多采用"七则""十四则"花纹单位，门幅二尺一寸。

"织锦"与"妆花"，易被混淆。原料都是用精炼过的熟丝，染色后织造，都是多彩纬提花织物。

"妆花"花纹配色是挖花妆彩，配色自由，色彩变化丰富，但织料厚重，厚薄不匀；"织锦"花纹配色是用不同颜色彩梭，通梭织彩，每段花纹最多只能配四五个颜色，色彩不丰富，因制作工艺不同，织料厚薄均匀，背面光平伏贴。

云锦中属于织锦类的织物，习惯上又分"二色金库锦""彩花库锦""抹梭妆花""抹梭金宝地""芙蓉妆"等。

■ 南京云锦丝织物

守护之魂

江浙拾英

皇帝 是我国帝制时期最高统治者的称号。在上古三皇五帝时期，我国的最高统治者单称"皇"或"帝"；从夏朝第二任君主启开始至秦帝国之前，最高统治者称为"王"；秦王嬴政统一六国之后，创立"皇帝"一词作为华夏最高统治者的正式称号。此后各朝代沿用。

库缎，是在缎底上起本色花纹或其他颜色的花纹，又名"花缎""摹本缎"，是清代御用贡品，织成后即入内务府的"缎匹库"，因此得名。

库缎每匹长二丈一尺，门幅二尺二寸半。花纹单位有"八则""六则""四则"。根据工艺，又分"起本色花库缎""地花两色库缎""妆金库缎""金银点库缎""妆彩库缎"几种。

"妆花"是云锦中织造工艺最为复杂的品种，也是最有南京地方特色并具代表性的提花丝织品种。在织造方法上采用各种颜色的彩绒纬管，对织物图案作局部的盘织妆彩，没有限制，在一件织物上可以配二、三十种颜色。

品种有"妆花缎""妆花罗""妆花纱""妆花锦"等，但后来被继承下来的只有"妆花缎"一种。织物组织有"五枚缎""七枚缎""八枚缎"之分；花纹单位有"八则""四则""三则""二则""一则"之别。

阅读链接

宋锦，它的产地主要在苏州，故又称"苏州宋锦"。宋锦历史悠久，可追溯至隋唐，它是在隋唐的织锦基础上发展起来的。宋高宗为了满足当时宫廷服饰及书画装裱大力推广宋锦，并专门在苏州设立了宋锦织造署。

宋锦图案一般以几何纹为骨架，内填以花卉、瑞草，或八宝、八仙、八吉祥。八宝指古钱、书、画、琴、棋等，八仙是扇子、宝剑、葫芦、柏枝、笛子、绿枝、荷花等，八吉祥则指宝壶、花伞、法轮、百洁、莲花、双鱼、海螺等。在色彩应用方面，多用调和色，一般很少用对比色。

宋锦织造工艺独特，经丝有两重，分为面经和底经，故又"称重锦"。宋锦图案精美、色彩典雅、平整挺括、古色古香，可分大锦、合锦、小锦三大类。

吴越刺绣工艺的传播

刺绣的品种繁多，仅吴越地区，就有苏绣、顾绣、锡秀、扬州刺绣和温州的瓯绣，而以苏绣和顾绣最为著名。

苏州坐落于长江三角洲地区的地理中心，太湖之滨。苏州自古以精湛的传统织绣工艺闻名于世。

苏绣艺术以其精美绝伦的工艺称绝于世，成为我国名贵刺绣艺术品中最有影响的流派之一，与湖南的湘绣、四川的蜀绣和广东的粤绣并称为"四大名绣"。

早在公元前的战国时期，江苏吴县的木渎、光福，以及东渚一带

古典金龙刺绣

■ 苏州刺绣

织造衙门 官署
名。清代于江
宁、苏州、杭州
三府设织造衙
门，各有织造监
督一人，隶房织
造外，并兼管机
户、征收机税等
事务，隶属"内
务府"。清代文
学家《红楼梦》
作者曹雪芹家，
曾祖曹玺、祖父
曹寅、父曹頫三
代任江宁织造，
曹寅妻兄李煦为
苏州织造。

的民间就有了刺绣工艺。

从吴县唯亭镇北草鞋山遗址出土的3块古老手工织成的葛布残片来看，吴地在距今5000多年前就具备了产生刺绣的物质条件。

在苏州虎丘塔、瑞光塔发现的苏绣经袱，绣工纯熟，古朴大方，据考证为五代至北宋初期的绣品。可知当时已有技术要求很高的平枪、铺针和接针等针法，苏绣在宋代已进入成熟阶段。

据《宋平江城坊考》，苏州城内有一条"绣线巷"，集中了多家作坊为刺绣业制造丝线。宋代苏绣艺术中出现了一种"发绣"，也称"墨绣"，即以人的头发代替丝线来刺绣。

这种技艺主要是用以绣佛像。发绣艺术长于"白描"，往往线条流泻，朴素高雅，洗练洒脱，别具一格。

明代中后期的苏绣艺术受到文人画的影响，更加提高了艺术品位。一大批具有绘画基础的女刺绣家，如马湘兰、顾媚、薛素素、董小宛、徐灿等，或精于绣佛像、人物，或擅长花卉、虫鸟，在刺绣艺术中融入浓厚的文人画风味。

其中最突出的还要数嘉靖年间崛起于上海的露香

园顾绣，以及顾绣中的杰出代表韩希孟。

韩希孟为露香园主人顾名世的次孙媳，她的丈夫顾寿潜师承董其昌。董其昌书画兼擅，一时号称江南翰墨丹青盟主。他曾在韩希孟刺绣作品上题跋，尤为赞赏韩绣殚精运巧、数年心力绣制的临摹宋元名迹册页8幅。

韩希孟从董其昌的画中悟出苏绣技艺，将画技绣艺熔为一炉，取得了极高的成就，对后世苏绣产生了深远的影响。

清代苏绣，进入全盛时期。

朝廷设苏州织造衙门，督造与差派锦、缎、刺绣等物品，以满足皇室生活和官绅商贾的要求，这就刺激了苏绣艺术的繁荣。至清代末期，绣庄数量迅速发展，无论艺术绣品还是民间刺绣，都取得了前所未有的大发展。

清代苏绣艺术品种繁多，一时名家辈出，流派纷呈。"画绣"中的名手，有以发绣见长的钱蕙善，《女红传征略》评其作品为"不减龙眠白描"。昆山赵慧君，吴江杨柳君，吴县曹墨琴等也都是各有专擅的苏绣名手，她们的作品往往有名人的边款和题跋。

在这众多闺阁名媛绣家中，

顾绣 因源于明代松江府顾名世家而得名。因以名园故世称其家刺绣，为"露香园顾绣"或"顾氏露香园绣"或简称"露香园绣""顾绣"。它是以名画为蓝本的"画绣"，以技法精湛、形式典雅、艺术性极高而著称于世。

■ 苏州刺绣

■ 清末民初著名绣女沈寿

华亭丁佩在刺绣之余，还著有一本《绣谱》，详细论述了苏绣艺术的技巧方法、工艺特点以及艺术价值等。

清代末年，随着西方文化渗透进我国文化的各个领域，苏绣也吸取西方艺术中的一些营养，以丰富与发展自己。

于是，在清代末期，出现了一些敢于探索，锐意创新的苏绣名家。如沈云芝、华瑾、李佩黼等。其中影响最大的是沈云芝，她不仅是一位杰出的苏绣艺术家，也是一位苏绣工艺理论家和教育家。

沈云芝溶西画肖神仿真的特点于刺绣之中，新创了"仿真绣"。

1904年，慈禧70岁寿辰，沈云艺绣了佛像等8幅作品祝寿。慈禧倍加赞赏，书写"寿""福" 两字，分赐给沈云芝和她的丈夫余觉。

从此沈云芝改名"沈寿"，嗣后她的作品《意大利皇后爱丽娜像》，曾作为国家礼品赠送给意大利，轰动了意国朝野；《耶稣像》1915年在美国举办的 "巴拿马——太平洋国际博览会"获一等大奖。

在沈寿的倡导下，江苏的苏州、南通、丹阳、无锡、常熟等地分别举办了刺绣传习所、绣工科、绣工会等。她曾先后到苏州、北京、天津、南通等地课徒传艺，培养了一代新人。

其时著名艺人还有华基、唐义真、李佩黼、蔡群秀、张应秀、金静芬等，她们的作品先后在"意大利都朗万国博览会""巴拿马——太平洋国际博览会""比利时万国博览会"上获奖，为中华民族传统工艺在国际上赢得了荣誉。

苏绣主要品种，从大的方面来划分，有画绣和苏绣日用品两大类。日用品中，从生活小用品到室内用品，几乎无所不包；而苏绣欣赏品就更是数不胜数，摆件、挂件、立件、册页、肖像应有尽有。

从材料方面来分，主要有丝绣、发绣等。如从艺术性质来分，则有画绣、仿真绣、精微绣等。此外，苏州缂丝以生丝为经，彩色熟丝为纬，被称为"刻丝"，也可制成画绣般的作品，别有异趣，可以看作是苏绣的姊妹艺术。

这样多的品种本身就是苏绣的一个特点，它与苏绣历史悠久，经历了漫长的发展流变是分不开的。

画绣 指一种半绣半画的绣品。明末顾绣有此绣法。其作品有的只绣一小部分，大部分为绘画；亦有大部分为绣制，小部分绘画。如《连塘乳鸭图》绣品，乳鸭为刺绣，莲塘水草为笔画。如绣古装仕女，只绣衣上花饰，余皆笔画。画多绣少，所以又称"补画绣"。

守护之魂

江浙拾英

■ 苏州刺绣发禄袋

苏绣的主要艺术特点是图案工整娟秀，色彩清新高雅，针法丰富，雅艳相宜，绣工精巧细腻绝伦。

就苏绣的针法而言，极其丰富而变化无穷，共有9大类43种，主要有齐针、抢针、套针、施针、乱针、滚针、切针、平金、打点、打子、结子、网绣、冰纹针、挑花、纳锦、刻鳞针、施毛针、穿珠针等。

采用不同的针法可以生产不同的线条组织和独特的苏绣艺术表现效果。例如，运用施针、滚针绣的珍禽异兽，毛丝颂顺，活灵活现，栩栩如生；采用散套针绣的花卉，活色生香，香味扑鼻，尽态尽妍；使用乱针绣的人像和风景，绒条组织多变，装饰味浓，艺术效果强，富有浓郁的民间、民族特色。

使用打点绣的绣品，则清静淡雅，极富诗情画意；运用打子绣的绣品，则具有古色古香、淳朴浑厚的艺术效果与技巧上的平、齐、细、密、和、光、匀、顺的特色。

苏绣融审美意趣和实用功能以及精湛的手工技艺于一体，其浓郁的吴文化意蕴和精巧绝伦的特技手法，足以令人赞叹不已。

阅读链接

苏绣主要的传世名作有：《北宋苏绣经袱》《明代彩绣罗汉册页》《清代济公绣像》《耶稣绣像》《意大利王后爱丽娜像》《拿破仑像》《双面觉绣寒山寺》《明万历皇后百子衣复制品》《苏绣金鱼》《苏绣姑苏繁华图》《英国女王肖像绣》等。

其中有几幅作品是沈寿绣制，并在国际上获得荣誉，如《耶稣绣像》，在美国旧金山1915年举行的太平洋万国巴拿马博览会展出时获一等奖。《意大利王后爱丽娜像》参加意大利都灵万国博览会展出，获"世界最高级卓绝奖"。

《济公绣像》也为沈寿制作，这是她探索"仿真绣"初期的作品。

青翠晶莹的越窑青瓷

越窑青瓷是我国最早的"母亲瓷",是我国历史上延续时间最长、影响范围最广、内涵最为丰富的古窑系陶瓷之一。越窑瓷器胎质细腻、釉色温润,以青翠晶莹名闻天下。

越窑自东汉开始生产,经三国、两晋、南朝、唐,直至宋代,延续千余年,经历了创造、成熟、发展、繁荣和衰落几个大的段落,它是我国南方青瓷的重要产地。

东汉是越窑青瓷的初创时期,青瓷的烧制成功是浙江地区原始瓷的工艺发展和技术积累的必然结果。这一时期的青瓷产品在成型、烧制工艺上与原始瓷一脉相承,器型、装饰上多有仿铜器和漆器。

■东汉越窑青瓷锺

■ 西晋越窑青瓷堆
塑罐

吴越人家

吴越文化特色与形态

青瓷 是我国著
名传统瓷器的一
种。在坯体上涂
以青釉，在还原
焰中烧制而成。
我国历代所称
的缥瓷、千峰翠
色、艾色、翠
青、粉青等瓷，
都是指这种瓷
器。唐代越窑、
宋代官窑、汝
窑、龙泉窑、耀
州窑等，都属于
青瓷系统。

东汉至三国期间瓷胎较白呈淡灰色，少数胎质较松，呈淡淡的土黄色，釉色以淡青色为主，浅雅明亮，少有黄釉或青黄釉。陶器纹饰简朴，常见有弦纹、水波纹及叶脉纹等。烧制上多用三足支钉叠烧，故盘、碗内底留有三足支钉痕。

三国时期的越窑产品，胎质坚致细密，胎骨多为淡灰色，釉层均匀，釉汁洁净，早期纹饰简朴，纹样有水波纹、弦纹、叶脉纹。晚期装饰趋向繁复，出现斜方格纹，还出现了堆塑方法，器物可分为日用品和明器两类。

西晋越窑瓷业剧增，瓷业渐趋繁荣，这时所制青瓷胎体较厚重，胎色较深而呈灰或深灰色，釉层厚润均匀，釉色以青灰为主，装饰精致繁复，用刻划、堆塑等装饰手法，后期出现褐色加彩的装饰手法。

器物仍以日用品和随葬用品为主，熏炉是这一时期的重要产品。

东晋中期以后，越窑青瓷多为日常用具，如烛台、灯、盆、钵、盘碗、壶、砚等，造型趋向简朴，装饰简练，纹样以弦纹为主。

在东晋晚期出现的莲瓣纹，在南朝时成为越窑青瓷的主要纹饰。器物上装饰有小而密集的褐彩。器物以日用品为主，胎、釉分为两种。一种胎质致密，胎呈灰色，施青釉。另一种胎质粗松，呈土黄色，外施青黄釉或黄釉。

东晋时越窑渐趋停滞，南朝时明显低落，至隋代时已是奄奄一息了，在浙东地区几乎难以找到隋代的越窑遗址。器物种类减少，鸡头壶较流行，堆塑罐和其他小冥器不再生产，动物形象大大减少，而且多消瘦呆板。

以褐色点彩和莲瓣纹为最主要的装饰，莲瓣纹盛行于南朝，折射出当时佛教在我国的发展和影响。由于这一时期社会的动荡和经济的恶化，越窑一直在走下坡路，但依然有一些赏心悦目的产品。

唐朝是我国历史上繁荣、昌盛的历史时期，各类手工业得到了蓬勃发展，瓷业生产出现遍地开花，相互争艳的局面，形成了南青北白的瓷业格局。

而慈溪上林湖地区是越窑中心产区，成为当时南方青瓷中心的杰出代表。

唐、五代时期是越窑发展鼎盛时期，代表了青瓷的最高水平。唐代"秘色瓷"造型严谨，釉色青翠均匀，色泽典雅，体现了盛唐时卓越的制瓷工艺水平。

越窑青瓷在初唐时胎质灰白而松，釉色呈青黄色。晚唐时胎质细腻致密，胎骨精细而轻盈，釉质腴润匀净

青釉 我国瓷器传统颜色釉，也称"青瓷釉"。所谓"青釉"，颜色并不是纯粹的青，有月白、天青、粉青、梅子青、豆青、豆绿、翠青等，但多少总能泛出一点青绿色。同时，古人往往将青、绿、蓝三种颜色，一统称为"青色"。

■ 东晋越窑青瓷龙柄鸡首壶

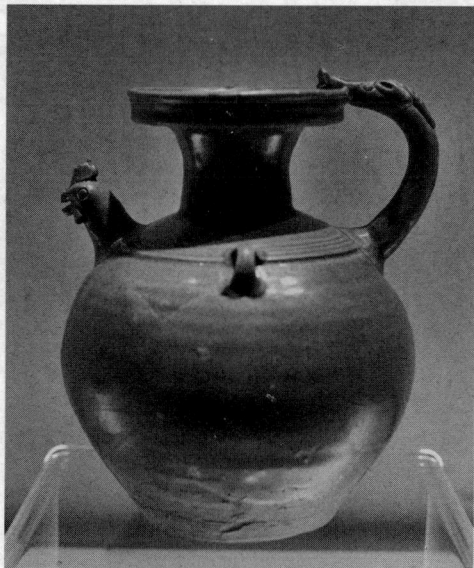

仙鹤 传说中的仙鹤就是丹顶鹤。丹顶鹤性情高雅，形态美丽，素以喙、颈、腿"三长"著称，看起来仙风道骨，被称为"一品鸟"，地位仅次于凤凰。除此之外，鹤在我国的文化中占着很重要的地位，它跟仙道和人的精神品格有密切的关系。

如玉，釉色为黄或青中含黄，无纹片，普遍使用素地垂直划纹的装饰方法。

另有一种在器物上堆贴花卉、人物、鱼兽等的方法，器物常见的有碗、盘、水盂、罐、盒等，特色器如瓷砚、执壶、瓷罂等，尤其是口唇不卷、底卷而浅腹的越瓷瓯，风靡一时。

唐代晚期，以上林湖越窑为代表的瓷业生产已进入了鼎盛状态，制瓷技术达到了炉火纯青的阶段。产品种类繁多，制作精致，造型优美；釉色纯净，光泽、滋润，"如冰似玉"，隐露精光。器物普遍采用匣钵装烧，有一匣一件和一匣多件装烧。

在唐代，越窑古瓷的装饰艺术已经得到高速的发展，其装饰方法虽然承袭传统的刻花、划花、印花和堆塑等，但其技艺手法却颇有进步，如刻花和划花是用流利的线条在胎上釉下刻画出生动活泼的纹样。

有龙、狮子、凤鸟、仙鹤、鹤鹅、双鱼、牡丹、莲花、宝相花、卷草和人物、山水等纹样，布局严谨，生动活泼。

唐代的越窑青瓷，深得当时的诗人喜爱，不少诗人都描述和歌咏过越窑

■ 唐代越窑青瓷

青瓷的美，如顾况、孟郊、陆龟蒙、徐夤、施肩吾、郑谷等。

五代时期江浙一带的吴越国，较少战争，越窑的瓷业生产能够继续发展，产品质量仍独步天下。器物造型釉色、装饰及装烧工艺等方面继承唐代风格。

五代越窑青瓷胎质细腻，胎壁较薄，表面光泽，胎色呈灰或浇灰色，釉质腴润光亮，半透明，釉层薄而匀，釉色前期以黄为主，后期以青为主。

装饰初期以素面为主，后期堆贴尤其是刻花大为盛行，题材多为人物、山水、花鸟、走兽。艺术形式多种多样，艺术风格丰富多彩。

北宋早期，越窑继续繁荣发展，器物造型精巧秀丽，釉色青绿，纯净而透明；盛行纤细划花装饰，技法娴熟，图样简洁清秀。

装饰题材广泛，有鸳鸯戏荷，双蝶相向、龟伏荷叶、双凤衔枝、鹦鹉对鸣、鹤翔云间、鸟栖花丛，还有人物纹、牡丹纹、莲瓣纹、水波纹、缠枝纹、龙纹

莲瓣纹 莲花为我国传统的花卉，古名芙渠或芙蓉，从春秋战国时就曾用作饰纹。自佛教传入我国，便以莲花作为佛教标志，代表"净土"，象征"纯洁"，寓意"吉祥"。莲花因此在佛教艺术中成了主要装饰题材，在石刻、陶瓷、珐琅器和彩绘上到处可见。

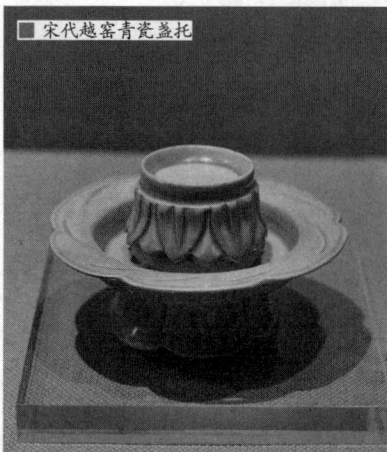
宋代越窑青瓷盖托

等，形象生动逼真，栩栩如生。

北宋中期，制瓷工艺渐趋衰退，产品质量明显下降，但仍偶见工艺精湛的产品。至北宋晚期，器物大多采用明火装烧，制作粗糙，刻划花纹简单草率，釉色灰暗，缺乏光泽，品种趋向单调，瓷业生产已完全衰落。

南宋初期，由于朝廷征烧祭器和生活用瓷，促使上林湖寺龙口、低岭头、开刀山一带瓷业生产再度兴旺，出现了一个新的短暂繁荣时期，但好景不长，龙泉窑的兴起致使越窑终于停烧。

阅读链接

浙江慈溪是越窑青瓷的中心产地，也是海上陶瓷之路的起点之一，上林湖及其周围的古银锭湖、杜湖、白洋湖地区规模巨大的青瓷窑场铸造了唐宋时期越窑的所有辉煌，堪称"唐宋瓷都"，在我国陶瓷史上具有极为崇高的地位。

上林湖越窑青瓷不仅上贡朝廷，下供庶民，还远销海外。在韩国、日本、泰国、菲律宾、马来西亚、印度尼西亚、印度、斯里兰卡、伊朗、伊拉克、坦桑尼亚、沙特阿拉伯、叙利亚、土耳其、也门、埃及、苏丹、索马里等20个国家和地区出土了许多中唐至北宋的越窑青瓷。越窑青瓷外销始于中唐晚期，大量外销于晚唐、五代至北宋早期。

唐代时，明州港是朝廷指定对外开放的重要港口之一，上林湖瓷器从这里起航至广州，由广州至波斯湾，把瓷器销往北亚、东亚；向南销往东南亚直至非洲等地区。这条陶瓷之路为陶瓷贸易和中西文化的交流写下了光辉的篇章。

绝世的宜兴紫砂陶艺

在黄海与东海之滨，苏、浙、皖交界的太湖西岸，有一个古老而又奇特的名城，这就是陶都宜兴。宜兴的古窑址约略有近百处，其中新石器时代的就有6处，余为汉以后历代窑址。

宜兴陶瓷主要有号称"五朵金花"的紫砂、均陶、青瓷、精陶和美

■ 宜兴镜湖

术彩陶，其中又以紫砂陶器最有特色，也最为著名。

一般认为紫砂陶初创于宋代，根据是宋初梅尧臣诗中曾提及它。其诗说道：

小石冷泉留早味，紫泥新品泛春华。

蔡君谟，即蔡襄，他曾任福建转运使，力赞武夷建茶最佳。这里的"紫泥新品"似不应理解为紫砂壶创制之始，也许只是说自己用的那一把壶是新得到的。若这个推想可靠，紫砂壶或许唐代就已有了。

然而"紫砂"两字正式见诸文字记载是在元代，其盛行则是在明清两代。

明代正德年间，陶都出了一位匠师供春，而供春是从金沙寺僧学到的制壶技艺。金沙寺僧和供春两人通常被尊为紫砂陶的创始人，所谓的"陶壶鼻祖"。供春的作品，传世的有失盖树瘿壶，紫砂壶的制作从金沙寺僧到供春，大大地跨进一步。

明代中叶时，宜兴陶瓷已成为一种重要商品，无论艺术陶瓷还是日用陶瓷，均"鬻于四方利再博"。至清代初期，宜兴丁山一带已形成"商贾贸易缠市，山村宛然都会"的局面，而紫砂器具更是空前的多。

供春 又称"供龚春""龚春"。原为宜兴进士吴颐山的家童。吴颐山未中进士前，读书宜兴金沙寺。书童供春给使之暇，发觉金沙寺僧人将制作陶缸陶瓷的细土，加以澄练，捏筑为胎，规而圆之，刳使中空，制成壶样。他便窃仿老僧之法，做成果色暗暗如古金铁的茶壶，这就是后来名闻遐迩的紫砂茶壶。

吴越人家

吴越文化特色与形态

■ 宜兴提梁紫砂壶

■ 宜兴紫砂供春学艺雕塑

16世纪晚期至17世纪初期，这时期名家辈出，壶式千姿万态，特别注重筋纹器的制作，这种风气延续至18世纪以后。

明代时，供春已创制出"树瘿""龙蛋""印方'等多种壶式，至万历间董翰、赵梁、袁锡、时朋，制壶有"圆珠""莲房""六瓣圆囊""八瓣扁菊"和"高把提梁"诸式。

明代万历时期，时大彬、徐友泉等名师努力探索，形成了紫砂制作工艺和工具，对紫砂的泥色、形制、技法、铭刻有相当的研究和杰出的创造，创"汉方""梅花""八角""葵花""僧帽""天鹅""竹节"诸壶式。

崇祯年间，士人倡导浅尝低斟，流行小壶，惠孟臣创小型水平壶，容水60毫升至80毫升。

17世纪晚期至18世纪末，自然形壶、几何形壶、

均陶 陶瓷百花园中的奇葩，远在宋代就著称于世。均陶美在釉色，绚丽多彩。有蓝均、红均、铜均、白均等数十种，又以蓝均秋最为珍贵，赢得"灰中见蓝晕，艳若蝴蝶花"美称，具有浓郁民族风格和民间艺术特色。

■ 陈鸣远制作的朱泥笠帽壶

筋纹器和小圆壶这四类壶型都有烧造，筋纹形壶已开始被自然形壶所取代，自然形壶受到欢迎，同时较注重壶面的装饰，更多在壶面施釉或加彩绘装饰。这一时期的代表人物是陈鸣远。

清代初期，陈鸣远塑镂兼长，善创新样，技艺精湛。他的独到之处是用雕塑装饰与造型相结合，款式书法雅健有晋唐风格，作品类型分布甚广，归纳起来分为三类即茗壶茶具类、文房案头摆件及像生瓜果类小品，以文房雅玩为最，从而丰富了紫砂陶的造型艺术，发展了紫砂陶的品种。

陈鸣远的传世作品在国内外都有收藏。所创款式"岁寒三友""南瓜壶""包袱壶""梅桩壶"等。泥色有黄、白、紫砂、天青、乌黑、桃红、沙白、栗色、朱砂等。

清代乾隆时期，王南林、杨友兰和陈汉文等，为宫廷制作精细壶器用珐琅彩、堆雕和泥绘装饰，有的饰有乾隆诗句，华丽典雅，风格繁缛。

此时壶器装饰，集工艺技法大成，书法、图画、图案，篆刻、浮雕、贴塑、镂空、镶嵌、彩铀、绞泥、掺砂、磨光，交替使用，因器而异，变化众多。

19世纪初至19世纪末，这个时期文士与紫砂艺人交往甚密，出现了在壶上锥刻书画的风尚。紫砂壶的造型比较简单，为在壶的平面上施展才华提供了更大的自由。此时的代表人物是陈曼生和杨彭年。

清代嘉庆至光绪年间，是紫砂壶造型艺术发展的转折期，此时以壶上镌刻书画为风尚。

守护之魂

江浙拾英

这一时期最突出的代表人物并非陶人而是曾任县宰的文士陈曼生。

陈曼生精于书画篆刻，紫砂壶受其影响，风格为之大变，式样渐趋典雅适古，大多是简单的几何造型，宜于壶面表现书画艺术。

创"十八壶式"，由名工杨彭年等制作，形制有"石瓢""半瓜""圆珠""合欢""合盘""井栏""传炉""葫芦"等样式，世称"曼生壶"。

当时紫砂壶艺呈现一派气象万千的景象，成为紫砂工艺史上的黄金时代，原因是文人的参与，名士与名士的结合，实际上"是热衷文化的艺人与热爱工艺的文人共同创造的"。

与杨彭年同时的陶人邵大亨，嘉道间宜兴上岸里人。他年少就享有盛名，杨彭年以精巧取胜，而邵大亨则以浑朴见长。但是邵大亨的盛名远不出乡里，壮年便死于战乱，故当时外省很少有人知道他。

岁寒三友 松、竹、梅。因这三种植物在寒冬时节仍可保持顽强生命力而得名，是我国传统文化中高尚人格的象征，也借以比喻忠贞的友谊。松竹梅合成的岁寒三友图案是我国古代器物、衣物和建筑上常用的装饰题材。

县宰 管理一个县的行政事务官员。我国秦汉以后，管理万户以上的县称为县令，万户以下称县长，唐代县分三等，不再有令长之分，宋以后临时由京官管理县政，叫着知某某县事，明清改称"知县"。

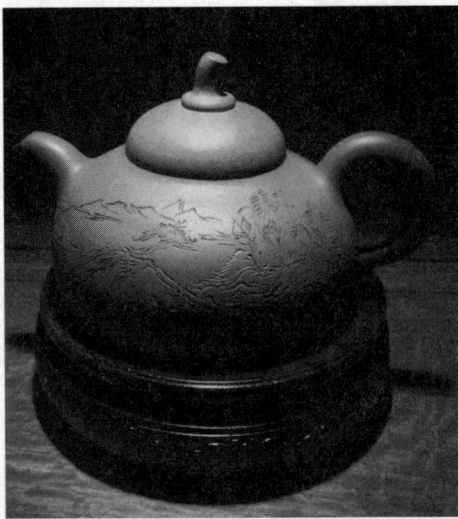

■ 宜兴紫砂茶壶

郑板桥 清代官吏、书画家、文学家。江苏兴化人。一生主要客居扬州，以卖画为生。"扬州八怪"之一。其诗、书、画均旷世独立，世称"三绝"，擅长画兰、竹、石、松、菊等植物，其中画竹已50余年，成就最为突出。著有《板桥全集》。

他的传世作品有《一捆竹》《鱼化龙》《掇球》《风卷葵》等，皆紫砂精品。

清代的制壶名手除上述的几位外，还有邵友廷、何心舟、陈光明、王南林、陈汉文等，都有过很多杰出的创造，各有不同的风格和艺术特色。

在紫砂陶器中，茶具无疑是最具代表性的。紫砂壶"方非一式，圆不一相"，外形典雅庄重。其线条清晰流畅，比例恰当，如壶之嘴、攀、盖、脚，本身既具优美的造型，又与壶身形成和谐完美的整体。

宜兴紫砂独特的艺术风格，在于其深厚的传统文化的底蕴。其风格可以分为"文人风格"和"宫廷风格"，每一种风格中又有不同的名家流派之别。

明清两代参与紫砂艺术品创作活动的文人，差不多有近百人。其中著名者如陈继儒、董其昌、郑板桥、吴昌硕、任伯年等，都是书画大家。

他们参与其间，不仅使紫砂艺术品工艺精良，制作精致，更有奇巧的构思和浓郁的书卷气息，从而提高了作品的艺术品位。

文人风格的作品以雅、精、文为主，讲究格调，不求华丽繁缛，追求淡雅和思致的并济。与此同时，对艺人的要求也更高了，即制作者必须具备较高的文化素养、扎实的技巧和敏锐的领悟力。可以说，文人风格的形成是文人雅士与名工巧匠共同努力的结果。

所谓宫廷风格，最初是指清代一些紫砂壶艺匠人为迎合皇室贵胄和官宦豪权的需要，专事追求富丽奢华的作风，使一种日渐巧艳的壶艺风格流行开来。

它注重紫砂器的外表华丽，模仿景德镇瓷器中的彩釉装饰，或在坯胎上手绘、手刻，又佐以金属镶嵌装点，给人以雍容华贵、富丽堂皇的感觉。这与清代康、雍、乾时期整个社会比较安定、繁华，上层统治者崇尚富丽华贵的趣味相投。

阅读链接

宜兴紫砂泥是如何被发现的呢？

宜兴丁山位于太湖之滨，是一个普通而美丽的小镇。传说很久以前，镇里的村民早出晚归，耕田做农活，闲暇时便用陶土制作日常需用的碗、罐。就这样，他们过着无忧无虑而又简单平凡的生活。

有一天，一个奇怪的僧人出现在他们的镇上。他边走边大声叫唤："富有的皇家土，富有的皇家土"，村民们都很好奇地看着这个奇怪的僧人。

僧人发现了村民眼中的疑惑，便又说："不是皇家，就不能富有吗？"

人们就更加疑惑了，直直地看着他走来走去。奇怪的僧人提高了嗓门，快步走了起来，就好像周围没有人一样。有一些有见识的长者，觉得他奇怪就跟着一起走，走着走着到了黄龙山和青龙山。

突然间，僧人消失了。长者四处寻找，看到好几处新开口的洞穴，洞穴中有各种颜色的陶土。长者搬了一些彩色的陶土回家，敲打铸烧，神奇般地烧出了和以前不同颜色的陶器。一传十，十传百。就这样，紫砂陶艺慢慢形成了。

江南园林苏州为冠

　　江南的园林，既荟萃了我国园林的菁华，又充溢着吴越文化的特质，尤其是苏州、杭州、无锡、南京、扬州等地的园林。

　　早在春秋时，当吴越称雄东南之际，其君王就先后构筑了供游乐栖息的苑囿别馆。吴国大致有夏驾湖、销夏湖、姑苏台、长洲苑、华

■苏州园林沧浪亭

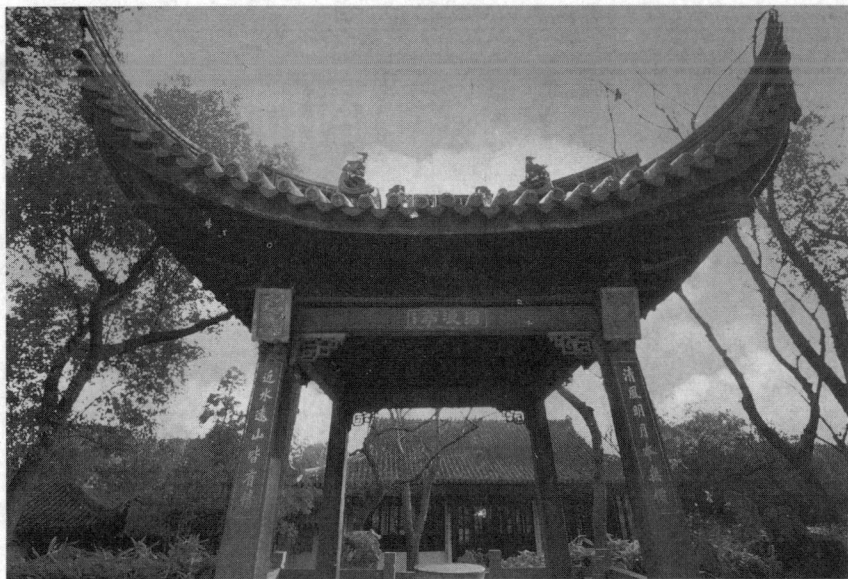

■ 苏州园林沧浪亭

江浙拾英

林园、吴宫、梧桐园、馆娃宫、流杯亭、居东城等；而越国则有怪游台、驾台、美人宫、乐野之类。

吴地较早的私家名园，有晋的辟疆园，自西晋以来传之，池馆林泉之胜，号吴中第一。与辟疆园同时的还有戴颙的宅园，此园聚石引水，植林开涧，少时繁密，有若自然。

宋代江南园林，萃于吴兴；南宋时期，园林之盛，首推4州，即湖州、杭州、苏州、扬州；明代除以上4地外，更有金陵、太仓崛起。然而，江南园林，论质论量，无出苏州之右。

苏州园林发端于春秋时期，形成于五代时期，成熟于宋元时期，兴盛于明清时期。但迭经兴废，五代以前的园林早已荡然无存，宋元的也寥若晨星，多数属明清构筑。

沧浪亭位于苏州城南，是苏州最古老的一所园

姑苏台 又名"姑胥台"，在苏州城外西南隅的姑苏山上。有九曲路拾级而上，登上巍巍高台可饱览方圆上百千米内湖光山色和田园风光，其景冠绝江南，闻名于天下。高台四周栽着四季之花，八节之果，横亘五里。

■ 苏州园林狮子林

假山 园林中以造景为目的，用土、石等材料构筑的山称为假山。我国在园林中造假山始于秦汉。秦汉时的假山从"筑土为山"到"构石为山"。由于魏晋南北朝山水诗和山水画对园林创作的影响，唐宋时园林中建造假山之风大盛，出现了专门堆筑假山的能工巧匠。

林，始建于北宋庆历年间，南宋初年曾为名将韩世忠的住宅。

踱步沧浪亭，未进园门便见一池绿水绕于园外，临水山石嶙峋，复廊蜿蜒如带，廊中的漏窗把园林内外的山山水水融为一体。

园内以山石为主，山上古木参天，山下凿有水池，山水之间以一条曲折复廊相连。

此外还有五百名贤祠、看山楼、翠玲珑馆、仰止亭和御碑亭等建筑与之衬映。人称"千古沧浪水一涯，沧浪亭者，水之亭园也"。

园中西南有假山石洞，名"印心石屋"。山上有小楼名"看山楼"，登楼可览远近苏州风光。此外还有仰止亭和御碑亭等建筑与之映衬。沧浪亭著名的建筑还有观鱼处等。另有石刻34处，计700多方。

狮子林为苏州四大名园之一，已有600多年的历史。位于苏州城内东北部，始建于1342年。

因园内石峰林立，多状似狮子，故名"狮子林"。狮子林平面呈长方形，面积约10000平方米，林内的湖石假山多而且精美。建筑分布错落有致，主要建筑有燕誉堂、见山楼、飞瀑亭、问梅阁等。

狮子林主题明确，景深丰富，个性分明，假山洞壑匠心独具，一草一木别有风韵。

留园坐落在苏州市阊门外，始建于明代。清代时称寒碧山庄，俗称"刘园"，后改为"留园"。

留园占地约33000多平方米，中部以山水为主，是全园的精华所在。主要建筑有涵碧山房、明瑟楼、远翠阁曲溪楼、清风池馆等处。留园内建筑的数量在苏州诸园中居冠。

拙政园以其布局的山岛、竹坞、松岗、曲水之趣，被胜誉为"天下园林之典范"。与北京颐和园、

颐和园 原是清朝帝王行宫和花园，前身清漪园，为三山五园中最后兴建的一座园林。利用昆明湖、万寿山为基址，以杭州西湖风景为蓝本，吸取江南园林某些设计手法和意境而建成的一座大型天然山水园，是保存最完整的一座皇家行宫御范，被誉为皇家园林博物馆。

■ 苏州留园内景

■ 苏州拙政园内的
与谁同坐轩

水榭 是指供人休
息、观赏风景的
临水园林建筑。
我国园林中水榭
的典型形式是在
水边架起平台，
平台一部分架在
岸上，一部分伸
入水中。平台跨
水部分以梁、柱
凌空架设于水面
之上。平台临水
围绕低平的栏
杆，或设鹅颈靠
椅供坐憩凭依。

承德避暑山庄、苏州留园并称为我国四大古典名园，
被誉为"中国园林之母"。

拙政园是苏州最大的一处园林，也是苏州园林的
代表作。于明正德年间修建，占地面积达41000多平
方米。园内布局主题以水为中心，池水面积约占总面
积的五分之一，各种亭台水榭多临水而筑。

主要建筑有远香堂、雪香云蔚亭、待霜亭、留听
阁、十八曼陀罗花馆、三十六鸳鸯馆等。拙政园建筑布
局疏落相宜、构思巧妙，风格清新秀雅、朴素自然。

网狮园位于苏州城东南部。始建于南宋时期，当
时称为"渔隐"。清代乾隆年间重建，取渔隐旧意，
改名为"网狮园"。

网狮园占地约半公顷，是苏州园林中最小的一
座。园内主要建筑有丛桂轩、濯缨水阁、看松读画
轩、殿春簃等。网狮园的亭台楼榭无不临水，全园处
处有水可依，各种建筑配合得当，布局紧凑，以精巧

见长，具有典型的明代风格。

艺圃是一座建于明代的名园。最初为明代学宪袁祖庚所建，初名"醉颖堂"，后归文徵明的曾孙、明代末期礼部左侍郎兼东阁大学士文震孟，改名"药圃"。在清代初期为明崇祯进士姜埰所有，改称"敬亭山房"，后来他的儿子姜实节更名"艺圃"。

艺圃是一座颇具明代艺术特色的小型园林，全园布局简练开朗，风格自然质朴，无烦琐堆砌娇捏做作之感，其艺术价值远胜于晚清之园林作品。

从山水布局，亭台开间到一石一木的细部处理无不透析出古朴典雅的风格特征，以凝练的手法，勾勒出造园的基本理念。

全园以水为主体，水面集中，池岸低平，在临水绝壁与水曲幽院的陪衬下显得开朗坦荡，恬淡雅致。

退思园位于江苏吴江同里镇东溪街，为古镇的主

大学士 又称内阁大学士、殿阁大学士等。明成祖选翰林等入职文渊阁，参与机务，称之为内阁，有人便渐升为大学士，但品阶只有正五品。明仁宗增置谨身殿大学士，后大学士常兼任尚书，地位尊崇，为皇帝起草诏令，批答奏章，虽无宰相之名，而有宰相实权，号称"辅臣"。

■ 苏州网师园

■ 苏州退思园

要风景点，由清任兰先罢官归乡所建，含"退则思过"之意，故名"退思园"。

退思园一改以往园林的纵向结构，而变为横向建造，左为宅，中为庭，右为园。全园格局紧凑自然，结合植物点缀，呈现出四时景色，给人以清朗、幽静之感。全园布局紧凑，一气呵成，有序幕，有高潮。跌宕起伏，像一曲人与自然完美结合的乐章。

退思园简朴淡雅，水面过半，建筑皆紧贴水面，园如浮于水上，是我国唯一的贴水园建筑。此园本是五代吴越钱氏金谷园旧址，明清时期成为私家园林。

耦园在苏州市内小新港巷，因有东、西两园，故名"耦园"。东园始建于清初，原名涉园，后扩建而成目前局面。

耦园住宅大门在南，经门厅、轿厅，至大厅前西墙小门，即可进入西园。园中主厅为织帘老屋，南北

各有庭院，都置假山。北院东北隅有藏书楼，与住宅相通，是书室与庭院结合较好的范例。

自住宅大厅往东，经小院二重和小客厅，即达东园。东园面积较西园约大一倍，西北置石假山，东南为水池。北端主厅城曲草堂，为一重檐楼屋，下有主厅3间，上为重楼复道，与住宅毗连，为苏州园林的罕例。

堂前的黄石假山堆叠手艺高超。分为东西两部：东部较大，有石级可登临池石壁，气势峭伟；西部较小，逐渐下降，两山中间是邃谷，仅宽一米多。

苏州古典园林，一向被称为"文人园林"。白居易在《草堂记》中说："覆篑土为台，聚拳石为山，环斗水为池"，这是文人园林的范式。

苏州园林的重要特色在于它不仅是历史文化的产物，同时也是我国传统思想文化的载体。苏州园林厅堂的命名、匾额、楹联、书条石、雕刻、装饰，以及花木寓意、叠石寄情等，不仅是点缀园林的精美艺术品，同时储存了大量的历史、文化、思想和科学信息，其物质内容和精神内容极其深广。

苏州园林在设计构筑中，采用因地制宜，借景、对景、分景、隔景等种种手法来组织空间，造成园林中曲折多变、小中见大、虚实相间的景观艺术效果。

通过叠山理水，栽植花木，配置园林建筑，形成充满诗情画意的文人写意山水园林，在都市内创造出人与自然和谐相处的城市山林。

苏州园林是时间的艺术、历史的艺术。这些园林以其精雕细琢的设计，折射出我国文化中取法自然而又超越自然的深邃意境。

阅读链接

游苏州园林，最大看点便是借景与对景在中式园林设计中的应用。我国园林讲究"步移景异"，对景物的安排和观赏的位置都有很巧妙的设计，这是区别于西方园林的最主要特征。

我国园林试图在有限的内部空间里完美地再现外部世界的空间和结构。园内亭台楼榭，游廊小径蜿蜒其间，内外空间相互渗透，得以流畅、流通、流动。透过格子窗，广阔的自然风光被浓缩成微型景观。

题词铭记无处不在，为园林平添了浓郁的人文气息。涓涓清流脚下而过，倒映出园中的景物，虚实交错，把观赏者从可触摸的真实世界带入无限的梦幻空间。

就技法来说，借景或把园外的美景，通过精心选择和剪裁，收纳到园林中来，这称为"远借"；或用一处景致映衬另一处景致，这称为"互借"等。

这样不仅使得面积有限的苏州园林能够提供更丰富的景观，更深远的层次，而且还极大地扩展了欣赏者的空间感受。在拙政园"倚虹亭"中能看到园外的北寺塔；沧浪亭的花窗中，能欣赏到屋外的竹林，这都是常用的借景手法。

人间天堂的杭州西湖

　　杭州地处长江三角洲南沿和钱塘江流域，地形复杂多样。古时曾称"临安""钱塘""武林"等，杭州历史悠久，4700多年前就有人类在此繁衍生息；自秦朝设县治以来，已有2200多年历史；是五代时期

■ 杭州西湖美景

■ 西湖雷峰塔

丝绸 在古代，丝绸就是蚕丝织造的纺织品。丝绸是我国古老文化的象征，我国古老的丝绸业为中华民族文化织绣了半辉篇章，对促进世界人类文明的发展做出了不可磨灭的贡献。我国丝绸以其卓越的品质、精美的花色和丰富的文化内涵闻名于世。目前已知的最早丝织物，是出土于距今约4700年良渚文化的遗址。

吴越国和南宋的都城，为我国七大古都之一。

杭州，江流襟带，山色藏幽，湖光翠秀；史脉悠远，文风炽盛，鱼米之乡、丝绸之府、文物之邦，宋以后享有"人间天堂"的美誉。

杭州之美，美在西湖。说起西湖的来历，有着许多优美的神话传说和民间故事。

相传在很久以前，天上的玉龙和金凤在银河边的仙岛上找到了一块白玉，他们一起琢磨了许多年，白玉就变成了一颗璀璨的明珠，这颗宝珠的珠光照到哪里，哪里的树木就常青，百花就盛开。

但是后来这颗宝珠被王母娘娘发现了，王母娘娘就派天兵天将把宝珠抢走，玉龙和金凤赶去索珠，王母不肯，于是就发生了争抢。

谁知王母的手突然一松，明珠就降落到人间，变成了波光粼粼的西湖，玉龙和金凤也随之下凡，变成了玉龙山和凤凰山，永远守护着西湖。

其实，西湖是一个潟湖。在秦代时，西湖还是一个和钱塘江相连的海湾。耸峙在西湖南北的吴山和宝石山，是当时环抱着这个小海湾的两个岬角。后来由于潮汐的冲击，泥沙在两个岬角淤积起来，逐渐变成沙洲。

此后日积月累，沙洲不断向东、南、北3个方向扩展，终于把吴山和宝石山的沙洲连在一起，形成了一片冲积平原，把海湾和钱塘江分隔了开来，原来的海湾变成了一个内湖。

杭州西湖，最早据东汉班固《汉书》卷第二十八《地理志》记载：

> 武林山，武林水所到之处出。东入海，行八百三十里。

班固　东汉官吏、史学家、文学家。史学家班彪之子，字孟坚，扶风安陵人。除兰台令史，迁为郎，典校秘书，潜心20余年，修成《汉书》，当世重之，迁玄武司马，撰《白虎通德论》，征匈奴为中护军，兵败受牵连，死狱中，善辞赋，有《两都赋》等。

■ 西湖石桥美景

吴越人家

吴越文化特色与形态

■ 杭州西湖湖心亭

白居易（772年—846年），河南省郑州新郑人，我国唐代伟大的现实主义诗人，中国文学史上负有盛名而且影响深远的诗人和文学家。他的诗歌题材广泛，形式多样，语言平易通俗，有"诗魔"和"诗王"之称。有《白氏长庆集》传世，代表诗作有《长恨歌》《卖炭翁》《琵琶行》等。

武林山即灵隐、天竺一带群山的总称，而发源于这一带的南涧、北涧等山涧汇合为金沙涧，东流注入西湖，是西湖最大的天然水源。因此"武林水"之名是最早见于记载的西湖的名字。

东汉时，一名叫华信的地方官，在西湖以东地带筑塘抵钱塘江咸潮而得名"钱塘湖"。这是唐以前西湖通用的名称。

出现"西"湖之称，是由于早前的钱塘县城，隋以后从位处西湖之西，迁建到西湖之东。湖居城西，故名"西湖"，至迟在唐代，"西湖"这个称呼已经被频繁使用。

公元822年，年过半百的白居易来到杭州任刺史，官场失意的他在看到西湖山水时，精神为之一振。到杭州当天，他就迫不及待地写了《杭州刺史谢上表》，从此开始了伟大诗人与美丽山河的千古绝恋。白居易在杭州的政绩多不胜数，但其中最突出的是疏通六井和筑西湖湖堤。他首先疏通的是李泌四十年前开凿的六井，其次便是整治西湖，筑建湖堤。

白居易的诗文里就经常用"西湖"一词，如其诗题有《西湖晚归回望孤山寺赠诸客》《西湖别》等。

历史上对西湖影响最大的，是杭州发展史上极其显赫的吴越国和南宋时期。西湖的全面开发和基本定型正是在此两朝。

由于吴越国历代国王崇信佛教，在西湖周围兴建大量寺庙、宝塔、经幢和石窟，扩建灵隐寺，创建昭庆寺、净慈寺、理安寺、六通寺和韬光庵等，建造保俶塔、六和塔、雷峰塔和白塔，一时有"佛国"之称。

灵隐寺、天竺等寺院和钱塘江观潮是当时的游览胜地。由于西湖的地质原因，淤泥堆积速度快，西湖

石窟 原是印度的一种佛教建筑形式。佛教提倡遁世隐修，因此僧侣们便选择崇山峻岭的幽静之地来开凿石窟，以便他们修行之用。印度石窟的格局大抵是以一间方厅为核心，周围是一圈柱子，三面凿几间小禅室，窟外为柱廊。我国的石窟起初是仿印度石窟开凿的，多建在我国北方的黄河流域。

守护之魂

江浙拾英

■ 杭州西湖保俶塔

杭州西湖凉亭

吴越人家

吴越文化特色与形态

苏轼（1037年—1101年），字子瞻，一字和仲，号东坡居士。生于北宋时眉州眉山，即四川省眉山市。北宋文豪，宋词"豪放派"代表。追谥"文忠"。他在文学艺术方面堪称全才。词开豪放一派，对后世有巨大影响。代表词作有《念奴娇·赤壁怀古》和《水调歌头·丙辰中秋》等，传诵甚广。诗文有《东坡全集》等。

疏浚成了日常维护工作，927年，吴越国王钱镠置撩湖兵千人，芟草浚泉，确保了西湖水体的存在。

送别白居易，西湖历经了几百年的兴衰变更后，1071年，西湖又迎来了她历史上的另一位"贵人"——苏轼。在杭期间，他赈灾安民、治理河道。

从五代至北宋后期，西湖长年不治，葑草湮塞占据了湖面的一半。

1090年，苏轼上《乞开杭州西湖状》于宋哲宗，断言："杭州之有西湖，如人之有眉目，盖不可废也。"

同年4月，动员20万民工疏浚西湖，并用挖出来的葑草和淤泥，堆筑起自南至北横贯湖面28千米的长堤，在堤上建6座石拱桥，自此西湖水面分东西两部，而南北两山始以沟通。

后人为纪念他，将这条长堤称为"苏堤"。相传杭州名菜"东坡肉"，就是苏东坡犒赏疏浚民工的美食。

苏轼在他的名篇《饮湖上初晴后雨》诗中咏"欲

把西湖比西子，淡妆浓抹总相宜"的千古绝唱后，西湖又有了西子湖的美名。

1127年，南宋定都临安后，西湖的风景名胜开始广为人知，并命名了"西湖十景"。诗人林升在诗《题临安邸》对当时的盛况作了生动的描绘。

元代时，西域和西欧各国的商人、旅行家，来杭州游览的增多。最为闻名的有意大利旅行家马可·波罗，他在游记中称赞杭州是"世界上最美丽华贵"的"天城"。

元代后期，继南宋"西湖十景"，又有"钱塘十景"，游览范围比宋代有所扩大。元世祖期间，曾一度疏浚西湖，作为放生池，部分湖面又逐渐莩积成桑田。但到了元朝后期，西湖疏于治理，富豪贵族沿湖围田，使西湖日渐荒芜。

直至明代宣德、正统年间，地方官开始疏浚西

西湖十景 源出南宋西湖山水画。十景的共同之点为景点位置皆傍近西湖或在湖中。最初的十景景目为平湖秋月、苏堤春晓、断桥残雪、雷峰落照、南屏晚钟、曲院风荷、花港观鱼、柳浪闻莺、三潭印月、双峰插云。

守护之魂
江浙拾萃

■ 杭州西湖廊桥

湖。疏浚工程使苏堤以西至洪春桥、茅家埠一带尽为
水面，疏浚挖出的葑泥，除加宽苏堤外，在里湖西部
堆筑长堤，后人称杨公堤。

清代，因康熙、乾隆两皇帝多次南巡到杭州，促
进西湖的整治和建设。康熙5次到杭州游览，并为南
宋时形成的"西湖十景"题字，地方官为题字、建
亭、立碑，使"双峰插云""平湖秋月"等未定点的
景目，有了固定的观赏位置。

雍正年间，还推出"西湖十八景"，使杭州的游
览范围进一步拓展。乾隆6次到杭州游览，又为"西
湖十景"题诗勒石；又题书"龙井八景"，使偏僻山
区的龙井风景为游人注目。

乾隆年间，杭州人翟灏、翟瀚兄弟合著《湖山便
览》一书，记载西湖游览景点增加至1000多处，为杭
州最早的导游书籍。

杭州西湖，以秀丽清雅的湖光山色与上千年的历

■ 杭州西湖景观

史积淀所孕育出的特有江南风韵和大量杰出的文化景观交融一体。

云山秀水是西湖的底色；山水与人文交融是西湖的格调。西湖之妙，在于湖里山中，山屏湖外，湖和山相得益彰；西湖的美，在于晴中见潋滟，雨中显空蒙，无论雨雪晴阴都能成景。

西湖凭借千年的历史积淀所蕴育出的特有江南风韵和大量杰出的文化景观而入选世界文化遗产。

阅读链接

西湖自古即是谈情说爱的胜场，譬如断桥，《白蛇传》中许仙与白蛇相识在此，同舟回城，后又在此邂逅重逢，言归于好。

又如西泠桥，古称《苏小小结同心处》。相传南齐歌妓苏小小，富才华，颇自重，一次乘车出游，在白堤上遇到青年才子阮郁，两人一见倾心。

再如长桥，早先桥长百步，为名副其实的湖上胜景之一。

南宋时这里发生了一桩殉情悲剧：青年女子陶师儿与书生王宣教相爱，她的后母挑拨离间横加阻挠。陶、王坐船夜游西湖，在长桥下荷花深处双双投水以死相抗，杭城人闻之无不唏嘘，有人作歌谣哀悼，长桥从此又名"双投桥"。

汹涌壮观的钱江秋潮

我国历史上，最著名的涌潮有3处：山东青州涌潮、广陵涛和钱塘潮。钱塘潮比广陵涛出现的时间晚一些，至迟在东汉就已形成了。

观赏钱塘秋潮，早在汉、魏、六朝时就已蔚然成风，至唐、宋

■ 钱塘江大潮

■ 钱塘江大潮

时，此风更盛。相传农历八月十八，是潮神的生日，故潮峰最高。

钱塘江汹涌的海潮是天下最壮观的。从每年的农历八月十六至八月十八，这期间海潮最盛大。

当海潮从远方海口出现的时候，只像一条白色的银线一般，一会儿慢慢逼近，白浪高耸就像白玉砌成的城堡、白雪堆成的山岭一般，波涛好像从天上堆压下来，发出很大的声音，就像震耳的雷声一般。波涛汹涌澎湃，犹如吞没了蓝天、冲洗了太阳，非常雄壮豪迈。

南宋朝廷曾经规定，这一天在钱塘江上校阅水师，以后相沿成习，八月十八逐渐成为观潮节。

每年临安府的长官到浙江庭外检阅水军，巨大的战舰数百艘分别排列于江的两岸，一会儿全部的战舰都往前疾驶，一会儿分开，一会儿聚合，形成5种阵势，并有人骑着马匹耍弄旗帜标枪，舞弄大刀于水面

广陵涛 广陵涛盛于汉代至六朝，消失于唐代的大历年间。当年潮涌上潮至广陵城南曲江江段时，因水道曲折，又受江心沙洲的牵绊，形成怒涛奔涌之势，故称广陵涛。

农历 是我国长期采用的一种传统历法，它以朔望的周期来定月，用置闰的办法使年平均长度接近太阳回归年，因这种历法安排了二十四节气以指导农业生产活动，故称农历，又叫"中历""夏历"，俗称"阴历"。

■ 汹涌的钱塘江大潮

谭吉璁（1623
年—1679年），
浙江嘉兴人。清
代文学家。谭贞良
长子。贡监选中
书，清代初官延
安府同知，历官
山东登州府知府。
1679年，举博学
鸿词。勤于读经，
能文好著述。

之上，就好像步行在平地一般。

忽然间黄色的烟雾四处窜起，人物一点都看不见，水中的爆破声轰然震动，就像高山崩塌一般。过一会儿烟雾消散，水波平静，看不见任何一艘大船，只有演习中充当敌军战船的军舰被火焚烧，随着水波而沉于海底。

位于钱塘江南岸萧山南阳的赭山湾是钱塘江口一个向南凹进的大河湾。这里，有一道长约500米的"丁字坝"直插江心，宛如一只力挽狂澜的巨臂。

当涌潮西行至此，全线与围堤成一锐角扑来，坝头以内的潮头同坝身、围堤构成直角三角形，潮头线两端受阻，分别沿坝身和围堤向直角顶点逼进，最终在坝根"嘣"一声怒吼，涌浪如突兀而起的醒狮，化成一股水柱，直冲云霄，高达10余米。

由于大坝的横江阻拦，直立的潮水又折身返回，形成一个"卷起沙堆似雪堆"的奇特回头潮。而此时江水前来后涌，上下翻卷，奔腾不息。

在南阳的赭山美女坝不仅会产生回头潮，还会产生"冲天潮"现象。冲天潮是发生于堤、坝相交处的特种潮，是近景潮中最具欣赏魅力的潮。

潮水如同被网兜兜住一样，在堤坝相交转弯角处，潮水"哗"一声碰撞巨响，潮头直冲云天。上迸起一股水柱，低者两三米，高者可达十多米。

清谭吉璁《棹歌》诗"赭山潮势接天来，捍海塘东石囤摧。"冲天潮由此得名。

距杭州湾55千米有一个叫大缺口的地方是观看十字交叉潮的绝佳地点。由于长期的泥沙淤积，在江中形成一个沙洲，将从杭州湾传来的潮波分成两股，即东潮和南潮。

两股潮头在绕过沙洲后，就像两兄弟一样交叉相抱，形成变化多端、异常壮观的交叉潮，呈现出"海面雷霆聚，江心瀑布横"的壮观景象。两股潮在相碰的瞬间，激起一股水柱，高达数丈，浪花飞溅，惊心动魄。

■钱塘江大潮

吴越人家

吴越文化特色与形态

钱塘江大潮退潮

盐官 在西汉时期，这块土地的领主吴王刘濞就利用钱塘江通海的便利，制造食盐来牟利。为了有力地管理盐务，在这里设置了专门的官员：盐官，后来将官名当作地名，把这块土地命名为"盐官"。历史上也曾经叫做"海宁"，就是希望"大海安宁"。

待到水柱落回江面，两股潮头已经呈十字形展现在江面上，并迅速向西奔驰。同时交叉点像雪崩似的迅速朝北转移，撞在顺直的海塘上，激起一团巨大的水花，跌落在塘顶上。

古时杭州观潮，以凤凰山、江干一带为最佳处。因地理位置的变迁，从明代起以海宁盐官为观潮第一胜地，故亦称"海宁观潮"。

这里的潮势最盛，且以齐列一线为特色，故有"海宁宝塔一线潮"之誉。潮头初临时，天边闪现出一条横贯江面的白练，伴之以隆隆的声响，酷似天边闷雷滚动。

潮头由远而近，飞驰而来。宛若一群洁白的天鹅排成一线，万头攒动，振翅飞来。

潮头推拥，鸣声渐强，顷刻间，白练似的潮峰奔来眼前，耸起一面三四米高的水墙直立于江面，倾涛泻浪，喷珠溅玉，势如万马奔腾。潮涌至海塘，更掀起高9米的潮峰，果然"滔天浊浪排空来，翻江倒海山为摧！"

这一簇簇声吞万籁的放射形水花，其景壮观，其力无穷。据说有一年，曾把一只一吨多重的"镇海雄师"冲出100多米远。

当潮涌激起巨大回响之后，潮水又坦然飞逝而去。"潮来溅雪俗浮天，潮去奔雷又寂然"，十分确切地描绘了潮来潮往的壮观景象。

过了盐官，逆流而上的潮水将到达老盐仓。老盐仓的地理环境不同于盐官，盐官河道顺直，涌潮毫无阻挡向西挺进。

而老盐仓的河道上，出于围垦和保护海塘的需要，建有一条长达660米的拦河丁坝，咆哮而来的潮水遇到障碍后将被反射折回，在那里它猛烈撞击对面的堤坝，然后以泰山压顶之势翻卷回头，落到西进的急流上，形成一排"雪山"，风驰电掣地向东回奔，

泰山 是我国五岳之首，古名"岱山"，又称"岱宗"，春秋时改称"泰山"。在我国古代各朝代，此山经常是皇帝设坛祭祀祈求国泰民安和举行封禅大典之地。第一个在此举行大规模封禅仪式的是秦始皇，在泰山封禅祭祀被人认为是天神必将赐予吉祥的"符瑞"，这便形成泰山大典的历代传统。

113

守护之魂

江浙拾英

■钱塘江汹涌的潮水

■ 钱塘江大潮退潮

声如狮吼，惊天动地，这就是回头潮。

钱塘江大潮，白天有白天波澜壮阔的气势，晚上有晚上的诗情画意。难怪有人这样说："钱塘郭里看潮人，直至白头看不足"。

午夜，江面上隐隐传来"沙沙"响声，涨潮了，在蒙蒙的水面上一条黑色素练在浮动，时断时续，时隐时现。

少顷，声音加骤，潮水夹着雷鸣般的轰响飞驰而来，把满江的月色打成碎银，潮头如千万匹灰鬃骏马在挤撞、在厮打，喷珠吐沫，直扑塘下，犹如10万大军兵临城下。

涌潮前浪引后浪，后浪推前浪，在江面形成一垛高耸潮峰，波涛连天，好似冲向九天皓月。

观半夜潮的最佳之处是在天风海涛亭一带，为"天风赏月"之景。北宋时期诗人苏轼还为此写下了这样一首诗篇以表情怀：

> 定知玉兔十分圆，已作霜风九月寒；
> 寄语重门休上钥，留得夜潮月中看。

为什么钱塘江大潮特别汹涌和巨大呢？

其一，农历八月十六至十八，太阳、月球、地球几乎在一条直线上，所以这天海水受到的潮引力最大。

其二，跟钱塘江口状似喇叭形有关。钱塘江南岸赭山以东近50万亩围垦大地像半岛似地挡住江口，使钱塘江赭山至外十二工段酷似肚大口小的瓶子，潮水易进难退。

杭州湾外口宽达100千米，到外十二工段仅宽几千米，江口东段河床又突然上升，滩高水浅。当大量潮水从钱塘江口涌进来时，由于江面迅速缩小，使潮水来不及均匀上升，就只好后浪推前浪，层层相叠。

其次还跟钱塘江水下多沉沙有关，这些沉沙对潮流起阻挡和摩擦作用，使潮水前坡变陡，速度减缓，从而形成后浪赶前浪，一浪叠一浪。另外，浙北沿海一带，夏秋之交常吹东南风或东风，风向与潮水方向大体一致，也助长了它的声势。

总之，钱塘江大潮的形成是受天文和地理因素综合的影响。

阅读链接

钱塘江潮为患，两岸的堤坝总是这边才修好，那边又被冲坍了。至唐朝末年，吴越王钱镠勇猛无比，当时一般人都称他为"钱王"。

钱王发动了20万民工，在候潮门和通江门外筑堤。但是海潮不停地袭来，工程无法进行下去。

无奈之下，钱王在潮神生日那天祈求说：愿息忠愤之气，暂收汹涌之潮。还写了"为报潮神并水府，钱塘且借与钱城"的诗句放进江水里给潮神。

可是潮神并没有理睬，钱王也发怒了，亲率士兵向潮头射出了40000支箭，逼得那潮头不敢向岸边冲击过来。

钱王又下令："追射！"

那潮头只好弯弯曲曲地向西南逸去，最后消失得无影无踪了。因此，潮水一到六和塔边就快没有了；而在六和塔前面，江水弯弯曲曲地向前流去，像个"之"字，因此人家又叫这个地方为"之江"。

江南禅宗丛林金山寺

　　江苏省镇江西北的金山，原为长江中的一个小岛，有"江心一朵芙蓉"之称。后因泥沙淤积，逐渐与南岸连成一体。江南古刹金山寺，就坐落在金山上。

■ 镇江金山寺

有关金山寺的故事和传说，在民间流传很广，其中《白蛇传》最为著名，几乎家喻户晓，妇孺皆知。

■ 镇江金山寺大雄宝殿

神话传说《白蛇传》中的主人公白娘子，则是为爱情而战，对爱情忠贞不渝的另一种类型的巾帼英雄。她与金山寺的故事，更为美丽动人，充满神话传奇色彩。

民间传说，由白蛇所变的白娘子及青蛇所变的使女小青，清明时节在杭州游西湖，与许仙同舟避雨，并借伞给他。白娘子与许仙两相爱慕，遂结为夫妻，后迁至镇江开设药店为生。

金山寺和尚法海见了许仙，说他面带妖气，唆使他在端午节让白娘子喝雄黄酒。白娘子酒后现出白蛇原形，许仙惊吓致死。为了救治许仙，白娘子与小青急赴南极仙翁处盗取仙草，救活了许仙。

之后，法海和尚又将许仙骗至金山寺中，不准还家，使之与白娘子分离。白娘子遂偕小青驾舟前去寺

南极仙翁 是古代神话传说中的老寿星，又称南极真君、长生大帝，玉清真王，为元始天王九子。因为他主寿，所以又叫"寿星"或"老人星"。传说经常供奉这位神仙，可以使人健康长寿。这位神仙其实是道教追求长生的一种信仰。

■ 镇江金山寺

雷公电母 司掌天庭雷电。因雷为天庭阳气，故称"公"。雷公长得像大力士，袒胸露腹，背上有两个翅膀，脸像红色的猴脸，足像鹰爪，左手执楔，右手持锥，身旁悬挂数鼓。击鼓即为轰雷。雷公能辨人间善恶，代天执法，击杀有罪之人，主持正义。

中寻讨许仙，遭到法海拒绝。

愤怒的白娘子转往东海龙王求援，搬来虾兵蟹将，龟怪鱼精。于是水漫金山寺，迫使法海披起避水袈裟退守佛殿。

随后法海以护佛的名义招来雷公电母，杨戬哪吒等天神，与水族大战金山寺，杀得浪溅云天。后来由魁星解围，法海答应放许仙下山，白娘子得以与许仙在西湖断桥重新团聚。

《白蛇传》热情讴歌了白娘子对爱情的忠贞，对美好生活的追求，充满绚丽多彩的浪漫主义色彩，生动感人，在民间广为流传，脍炙人口。这些神话传说，为金山寺增添了更为迷人的神秘色彩。

金山寺始建于东晋时期，初建时又称"泽心寺"。南北朝时期梁武帝特重佛教，曾于505年，亲自到金山寺参加水陆大会盛典，这是我国佛教举行水陆法会开始，也是当时佛教中最大盛典。

1084年，僧人佛印住持期间，有海贾到寺设水陆法会，佛印亲自主持，规模宏大。

1173年，四明仁仰慕金山水陆法会，而施田百亩，与四明东湖月波山专建四时水陆。

1316年，朝廷在金山寺举行盛大水陆道场，命教、禅、律三宗诸师说法，参加僧众达1500人。可见，金山寺的水陆法会在历史上便享有盛名。金山寺也因此而名声日盛。

南朝、唐朝时，寺名均叫"金山寺"。北宋真宗年间，因真宗梦游金山，便赐名为龙游寺。宋徽宗时，因崇尚道教，改称神霄玉清万寿宫。宋钦宗、徽宗被金兵俘虏后，又复名"龙游寺"。

从元代起，又称"金山寺"。清代康熙南巡时，给金山寺题写了"江天禅寺"的匾额，尽管这块匾

天神 指天上诸神，包括主宰宇宙之神及主司日月、星辰、风雨、生命等神。佛教认为，天神的地位并非至高无上，但可比人享有更高的福祉。天神也会死，临死前会出现衣服垢腻、头上花萎、身体脏臭、腋下出汗和不乐本座等五种症状。

119

守护之魂

江浙拾英

■ 金山寺"江天禅寺"匾

■ 镇江金山寺"江天一览"石碑

额仍挂在寺的门楣上，但仍以金山寺名而远播海内外。它与宝光寺、文殊院、高旻寺并称长江流域"四大禅宗丛林"。

金山寺的建筑格局，打破了我国多数寺庙坐北朝南、寺分三路的建筑传统，而是依山就势，大门西开，正对长江。

寺内所有殿堂楼阁皆散布其上，主要有大雄宝殿、天王殿、迦兰殿、祖师殿、画藏楼、镇江楼、观澜堂、永安堂、海岳楼等。最引人注目的是立于见山之巅的慈寿塔。

慈寿塔，初建于齐梁，距今已有1400余年。金山过去曾经有双塔，一塔名"荐慈塔"、另一塔名"荐寿塔"。双塔倒坍后，在1900年重建。逢慈禧60寿辰，取名慈寿塔。

玲珑秀丽的慈寿塔立于金山西北山巅之上，高30米，和整个金山及金山寺配合得恰到好处，仿佛把这座山都拔高了。塔为砖木结构，上下通行，每一层八面都有走廊和栏杆，八面七级，内有旋式木梯，外有栏杆相倚，面面有景，层层风光不一。

登塔顶而望，可极目千里，东见江天云水，西是万里长江，南边镇江山林，北为小镇瓜州，令人心旷神怡。

离塔不远有一凉亭，因宜于赏云望江，称为"留云亭""吞海亭"。亭内立有一通石碑，上刻康熙御书"江天一览"4个大字，故又名"江天一览亭"，这是欣赏金山胜景，俯瞰镇江全貌的最佳处所。

据传在康熙执笔"江天一览"时，前3个字是一气呵成的，而后一个"览"字因笔划较多，一时竟想不起来，又不好意思说出口，只是嘴中念着"江天一览"4字，却无从落笔。

周围大臣见此情景，又不敢直截了当上前提示，虽则一字好提，却怕招来欺君之罪。正在为难之际，其中有一位大臣跪拜在皇帝面前说了一声："臣今见驾"。

康熙一听"臣今见"，恍然大悟，随笔写出"览"字。这是因为繁体字的"览"正是"臣、今、见"等字组成。

由于康熙愣了好久才写出了最后一个"览"字，因此，后来人们看到的这个"览"字显得比其他3个字小一些。

位于山脚的大雄宝殿，为重檐歇山式建筑。殿内装有两面巨大的圆形凸面镜，可摄金山全景。殿内供释迦牟尼、阿弥陀佛

跪拜 古人认为，不跪不叫拜。拜，在古代就是行敬礼的意思。按照周代礼仪规定，当时对跪拜的动作和对象，作了严格的规范，共分稽首、顿首、空首，称为"正拜"，一般用于臣子拜见君王和祭祀先祖的礼仪。

■ 镇江金山寺内的慈寿塔

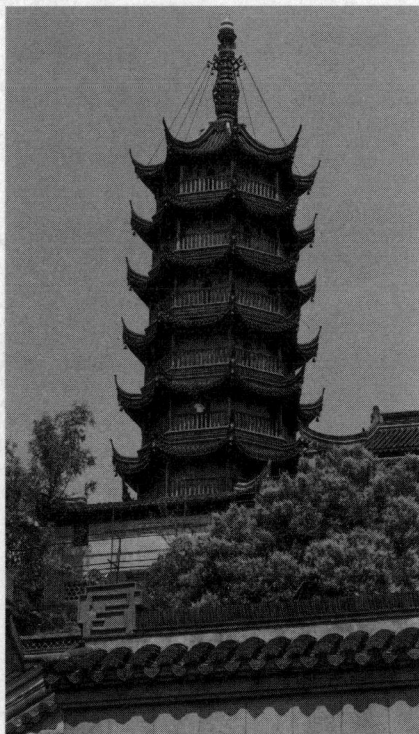

守护之魂

江浙拾萃

和药师佛3尊塑像，两边是十八罗汉像；大佛背后是巨大的海岛塑像，10方三世佛、菩萨、护法诸天隐现其间。

江面上有18尊者像，江岛观音独占鳌头，两侧侍立善财、龙女。

藏于山上的各处洞穴，每一个都有一个神奇的传说。除法海洞外，还有白龙洞、朝阳洞和仙人洞，共称金山"四大名洞"；仙人洞传说是吕洞宾窥视江面处；白龙洞与《白蛇传》的故事有关。

金山寺的名胜古迹很多，历代到过金山寺的文人墨客则更多。宋代科学家沈括，书法家米芾、黄庭坚，文学家苏东坡，政治家王安石，明代书画家文徵明，清代康熙、乾隆二帝等，曾先后到此一游，或吟诗作赋，或绘画题咏，或与寺僧交友谈经。

阅读链接

苏东坡与金山寺住持长老中的交往，要数与佛印最为深厚。一天，佛印正准备为僧众说法，苏东坡来到了方丈室，尚未站定，佛印笑着对苏东坡开玩笑地说："从何处来？此间无坐处。"

苏东坡随即一想便用禅宗之语答道："暂借和尚四大，用作禅床。"

佛印一听，趁势笑道："山僧有一问，学士答得出，即请从；否则，就将你身上的玉带留下，作为镇山之宝，如何？"

苏东坡点点头说："一言为定。"并把玉带解下放在茶几上。

佛印笑着不紧不慢地问："出家人四大皆空，五蕴非有，请问何处坐？'四大'即地大、水大、火大、风大，佛教认为是构成物质的四大元素；'五蕴'及色蕴、受蕴、想蕴、行蕴、识蕴，是构成人身的五种因素。是啊，四大皆空，五蕴非有，不是一无所有，空空如也么!何座之有！"

佛印这一问，倒把自恃聪明的苏东坡问住。他一时想不出话，只好把玉带输给了佛印。

吴越神韵

吴越，是周朝分封的国名。吴，在今江苏南部；越，在今浙江东部等地。而我们常说的吴越文化，则是泛指江南地区优秀的传统文化。吴越文化具有深厚的人文底蕴。它传承着千百年来江南地区所积淀的历史文脉和地域风情，呈现出一种独特的风貌。

其中，产生于太湖流域的吴歌、戏剧、评弹等，清新曼丽，能充分展现出吴越文化的基本特色。此外，吴越文化的民俗风情乃至政治、经济等各方面有着或亲或疏的联系，又与吴越的许多历史、社会事象及各种意识形态密不可分。

婉转激越的吴声歌曲

■ 唱山歌的女孩

吴歌，又称"吴声歌曲"，是指江苏南部、浙江西部及上海在内的整个长江三角洲用吴语演唱的山歌、小调、号子等民歌。

吴歌多流传于民间，以表达生活劳作、民间风俗、男女情爱等为主要内容，多靠口口相传、代代相袭。

吴歌历史源远流长。约在公元前12世纪，周太王之子泰伯从黄土高原来到江南水乡，建了句吴国并"以歌为教"。

《楚辞·招魂》即有"吴歈蔡讴，奏大吕些"的记载。宋代郭茂倩编《乐府诗集》时将吴歌编入《清商曲辞》的《吴声曲》。

■唱山歌的少女

明代冯梦龙采录宋元至明代中叶流传在民间的大量吴歌，辑录成《山歌》《挂枝儿》。

清代是长篇叙事吴歌的成熟繁荣时期，经书商刊刻、文人传抄和民间艺人的口传，保存了大量长篇叙事吴歌。

吴歌包括"歌"和"谣"两部分。"歌"一般说就是"唱山歌"，也包括一些俗曲之类；"谣"就是通常说的"顺口溜"。

吴歌和历代文人编著的诗、词、歌、赋不同，是下层人民创造的口头文学，带有浓厚民族特色和地方色彩的民间韵文形式。

吴歌生动地记录了江南农民和下层人民的生活

周太王 是上古周族领袖，是西伯君主，其后裔周武王姬发建立周朝时，追谥他为"周太王"。据推算，他是轩辕黄帝的第十五世孙、周祖后稷的第十二世孙，在周人发展史上是一个上承后稷、公刘之伟业，下启文王武王之盛世的关键人物。

吴越人家

吴越文化特色与形态

史，从内容来看，吴歌既包括情歌，又包括劳动歌、时政歌、仪式歌、儿歌等。

吴歌里又有"命啸""吴声""游曲""半折""六变""八解"六类音乐，其中后类是汉代以来有的。此外还有"神弦曲"，这是当地的民间祭祀乐歌。"吴声"中有一种依据旧曲而创新的编曲手法，称之为"变"。

吴歌以民间口头演唱方式表演，口语化的演唱是其艺术表现的基本方式。吴歌是徒歌，在没有任何乐器伴奏的情况下吟唱。其类型大致有引歌、劳动歌、情歌、生活风俗仪式歌、儿歌和长篇叙事歌等几种。

吴地山歌高亢嘹亮、婉转激越，具有很高的艺术水准，其中，常熟的白茆山歌、吴江的芦墟山歌、张家港的河阳山歌、相城的阳澄渔歌、太仓的双凤山歌等近年来一直活跃于群众的视野中。

常熟市白茆镇是"山歌之乡"。历史流传下来的有长工歌、荒年歌、莳秧歌、耘稻歌、摇船歌、风物

■ 吴越山歌表演

吴越山歌对唱

歌、节令歌、仪式歌、古人歌和私情歌等，内容十分丰富。

白茆山歌的形成不会迟于《诗经》。据传，大约在4500多年前，一支良渚文化部族从北方迁徙定居在常熟古里镇白茆塘流域，山歌就离开北方大山，开始在江南的水边扎根。

白茆山歌语言朴素、自然流畅，曲调丰富多变；形式上既有三句、四句短歌，又有几十句甚至上百句的叙事长歌；内容上，有情歌、劳动歌、时政歌、节令歌、地名歌、历史传说歌等类型，其中以劳动歌和情歌内容最为丰富、传播最为广泛。

在流传形式上，白茆山歌以平时劳动生产过程中的即兴创作、口耳相传为主，同时在一些特定场合也会以歌会形式集中展示，地方文献中屡见"东村唱响西村和"的记载。

芦墟山歌是流传于吴江一带用芦墟方言演唱的民间歌谣。很多当地的民间歌手都公认汉朝的张良、韩信是唱芦墟山歌的老祖宗。史料中的记载则始于明代，盛于清代。清代末期以后是芦墟山歌的全盛时期。那时，过年过节无不举办赛歌会，歌声此起彼伏，彻夜不绝。

吴越人家

吴越文化特色与形态

■ 山歌对唱

芦墟山歌一般以4句组成一个基本唱段，起句唱腔高亢明亮，尾字前必加唱"呜咳嗨嗨"衬词。但长歌也有破格的情况。长篇芦墟山歌《五姑娘》篇幅为2000余行，打破了"汉族无长歌"的结论。

芦墟山歌多为长工传唱，在莳秧、耘稻、罱泥、收割等劳作中自唱、对唱或一唱众和，借以抵御疲惫，抒发愁苦。后来，芦墟山歌从田野登上文艺舞台，崭露头角。

河阳山歌主要流传于张家港河阳山地区，它是古代东夷族中一支部落的原创山歌。最早的《斫竹歌》定格于春秋以前的远古时代，《斫竹歌》与远古时期的《弹歌》同体同期，是我国第一首古歌的活体。

河阳山歌按歌词的行数分为4句头山歌、短山歌、大山歌和长山歌，内容几乎涉及了农村生活的各

东夷族 东夷系指中原之东方人，是我国古代尤其是商朝、周朝时期，对东部海滨不同部族的泛称。东夷是华夏民族对东方民族的称呼，并非单指某一族群。在中心主义的天下观中，东夷和北狄、西戎、南蛮并称四夷。

个层面，包括劳动歌、仪式歌、情歌、儿歌等。这些歌曲都洋溢着清新的生活气息，浸润着浓郁的江南风情，表达着人们朴素的情感和美好的向往。

河阳山歌的传承方式主要有口传和本传两种，其中，《汝河山歌》《老姐嫁人》《天门阵》《荒年山歌》《断情歌》《沈七秀》这些原创的完整的原生态山歌都是历代传抄本。这些歌曲基本上都保留了明代以前的方言、俗语，好多方言在今已不知其解，但在这些本传及口传山歌中依旧保留着。

阳澄渔歌是流传于阳澄湖地区的吴歌之一，是人们在种田、捕鱼、恋爱时唱的一种山歌。在阳澄湖地区，流传着这样一句话，"不会摇船，不会唱渔歌，就不算是阳澄湖人"。

阳澄渔歌的形式为独唱或男女对歌，短的为4句，或10多行，长的一般不超过百行，内容大多以抒

方言 是语言的变体。可分地域方言和社会方言，地域方言是语言因地域方面的差别而形成的变体，是全方言民语言的不同地域上的分支，是语言发展不平衡性而在地域上的反映。社会方言是同一地域的社会成员因为在职业、阶层、年龄、性别、文化教养等方面的社会差异而形成不同的社会变体。

■ 船头上的山歌

情与叙事为主。

双凤山歌是用双凤方言来演唱的一种山歌，主要流传于太仓一带，在元、明代时期得到较大的发展。明代嘉靖年间，以魏良辅为首的戏曲音乐家，把昆山腔改成昆曲水磨腔时，曾从双凤山歌中吸取不少音乐素材。

双凤山歌按结构形式、演唱形式和传统习惯分类，大致分为小山歌和大山歌两种基本形式。小山歌结构简单，易学易记，是山歌中最基本的一种。

大山歌则比较复杂，是一种集体组合轮唱或一唱众和为主的对歌形式。大山歌由头歌和邀歌两部分组成，头歌通常由一名男歌手领唱，有歌词，邀歌起助兴作用，大部分只唱衬词，不表达任何意思。

吴文化地区孕育的吴歌，有其鲜明的特色，自古以来，通常用委婉清丽、温柔敦厚、含蓄缠绵、隐喻曲折来概括它的特点。区别于北方民歌的热烈奔放、率直坦荡、豪情粗犷、高亢雄壮。

吴歌具有浓厚的水文化特点，和耸立的高山，宽阔的草原不同，它如涓涓流水一般，清新亮丽，一波三折，柔韧而含情脉脉，和吴侬软语有相同的格调，有其独特的民间艺术魅力。

阅读链接

关于吴歌的起源，有一个美丽的传说：

殷商末年，西周古公的长子泰伯、次子仲雍，为了让贤给他们三弟季历，一起从西岐南奔至荆蛮之地，建立了句吴国。

泰伯和当地人一起"以石为纸、以炭为笔、以歌为教"，教育孩子们写字、读书、唱歌。泰伯把周族的诗歌和当地原有的蛮歌、土谣相融合，独创了"吴歌"，此后又吸收越、楚、齐等地文化精髓，培育成具有水乡特色、独放异彩的"句吴文化"，从而形成了中华文化中极为重要的一脉——吴文化。

一唱三叹的昆曲艺术

昆曲是我国传统戏曲中最古老的剧种之一，也是我国戏曲艺术中的珍品，被称为百花园中的一朵"兰花"。

明代中叶至清代中叶戏曲中影响最大的声腔剧种，很多剧种都是

■ 昆曲表演人物形象

笛 一种吹管乐器。我国笛子历史悠久，可以追溯到新石器时代。那时先辈们点燃篝火，架起猎物，围绕捕获的猎物边进食边欢腾歌舞，并且利用飞禽胫骨钻孔吹之，当时，该物品最重要的用途是用其吹出来的声音诱捕猎物和传递信号，这就是出土于我国最古老的乐器——骨笛。

在昆剧的基础上发展起来的，有 "中国戏曲之母"的雅称。

昆曲形成的历史，可谓源远流长，它起源于元代末年的昆山地区。宋元代以来，我国戏曲有南、北之分，南曲在不同地方唱法也不一样。

元代末期，昆山千灯人顾坚等人把流行于昆山一带的南曲原有腔调加以整理和改进，称之为"昆山腔"，为昆曲之雏形。

明大代嘉靖年间，杰出的戏曲音乐家魏良辅对昆山腔的声律和唱法进行了改革创新，吸取了海盐腔、弋阳腔等南曲的长处，发挥昆山腔自身流丽悠远的特点，又吸收了北曲结构严谨的特点，运用北曲的演唱方法，以笛、箫、笙、琵琶的伴奏乐器，造就了一种细腻优雅，集南北曲优点于一体的"水磨调"，通称昆曲。

之后，昆山人梁辰鱼继承魏良辅的成就，对昆腔做进一步的研究和改革。

他编写了第一部昆腔传奇《浣纱记》。这部传奇的上演，扩大了昆腔的影响，文人学士，争用昆腔创作传奇，习昆腔者日益增多。于是，昆腔遂与余姚腔、海盐腔、弋阳腔并称为明代四大声腔。

1620年，由于昆班的广泛演出活动，昆曲经扬州传入北京、湖南，跃居各腔之首，成为传奇剧本的标准唱腔："四方歌曲必宗吴门。"

明末清初，昆曲又流传到四川、贵州和广东等地，发展成为全国性剧种。

昆曲的演唱本来是以苏州的吴语语音为载体的，但在传入各地之后，便与各地的方言和民间音乐相结合，衍变出众多的流派，构成了丰富多彩的昆曲腔系，成为了具有全民族代表性的戏曲。

至清朝乾隆年间，昆曲的发展进入了全盛时期，也是从这个时候开始，昆曲独霸梨园。

昆剧作为一个在全国范围内有着巨大影响的剧种，在历尽了艰辛困苦之

梁辰鱼（约1521年—1594年），明代戏剧家。曾作《红线女》等杂剧，但以《浣纱记》传奇最著名。梁辰鱼是利用昆腔来写作戏曲的创始者和权威，因其作品的脍炙人口，无形中给予昆腔传布很大的助力。

■ 昆剧《梁祝》的表演

后，能奇迹般地再次复活，这和它本身超绝的艺术魅力有着紧密关系，其艺术成就首先表现在它的音乐上。

昆剧行腔优美，以缠绵婉转、柔曼悠远见长。在演唱技巧上注重声音的控制，节奏速度的顿挫疾徐和咬字吐音的清晰，场面伴奏乐器齐全。

"水磨腔"奠定了昆剧演唱的特色，充分体现在南曲的慢曲子中，具体表现为放慢拍子，延缓节奏，以便在旋律进行中运用较多的装饰性花腔。

除了通常的一板三眼、一板一眼外，又出现了"赠板曲"，即将4/4拍的曲调放慢成8/4拍，声调清柔委婉，并对字音严格要求，平、上、去、入逐一考究。

每唱一个字，注意咬字的头、腹、尾，即吐字、过腔和收音，使音乐布局的空间增大，变化增多，其缠绵婉转、柔曼悠远的特点也越加突出。

相对而言，北曲的声情偏于跌宕豪爽，跳跃性强。它使用七声音阶和南曲用五声音阶不同。

但在昆山腔长期吸收北曲演唱过程中，原来北曲的特性也渐渐被溶化成"南曲化"的演唱风格，因此在昆剧演出剧目中，北曲既有成套的使用，也有单支曲牌的摘用，还有"南北合套"。

昆剧的乐器配置较为齐全，大体由管乐器、弦乐器、打击乐器三部分组成，主乐器是笛，还有笙、箫、三弦、琵琶等。

由于以声若游丝的笛为主要伴奏乐器，加上赠板的广泛使用，字分头、腹、尾的吐字方式，以及它本身受吴中民歌的影响而具有的"流丽悠远"的特色，使昆剧音乐以"婉丽妩媚、一唱三叹"几百年冠绝梨园。

伴奏有很多吹奏曲牌，适应不同场合，后来也被许多剧种所搬用。

昆剧的音乐属于联曲体结构，简称"曲牌体"。它所使用的曲牌有1000种以上，南北曲牌的

北曲 我国最早的戏曲声腔之一。为金元时期流行于北方的杂剧与散曲所用的音乐。源于唐宋大曲、诸宫调、宋词、鼓子词、唱赚、转踏以及北方各民族音乐，而影响最为直接和深刻的首推诸宫调，因之形成了戏曲音乐中曲牌联套体的结构体制。

■ 昆剧《蝴蝶梦》

唱赚 我国宋代民间流行歌唱技艺，是最早用同一宫调中的若干支曲子组成一个套数来歌唱的艺术形式。其早期形式为缠令、缠达，流传于北宋末年，为歌舞相兼之曲。逐渐发展，吸取多种民间音乐，形成唱赚，盛行于南宋。

来源，其中不仅有古代的歌舞音乐，唐宋时代的大曲、词调，宋代的唱赚、诸宫调，还有民歌和少数民族歌曲等。

它以南曲为基础，兼用北曲套数，并以"犯调""借宫""集曲"等手法进行创作。此外，还有不少宗教歌曲。

昆剧的表演拥有一整套"载歌载舞"的严谨表演形式。昆剧表演的最大的特点是抒情性强、动作细腻，歌唱与舞蹈的身段结合得巧妙而谐和。

昆剧是一种歌、舞、介、白各种表演手段相互配合的综合艺术，长期的演剧历史形成了载歌载舞的表演特色，尤其体现在各门角色的表演身段上。

其舞蹈身段大体可以分成两种：一种是说话时的辅助姿态和由手势发展起来的着重写意的舞蹈；一种是配合唱词的抒情舞蹈，既是精湛的舞蹈动作，又是表达人物性格心灵和曲辞意义的有效手段。

昆剧的戏曲舞蹈多方吸收和继承了古代民间舞蹈、宫廷舞蹈的传统，通过长期舞台演出实践，积累了丰富的说唱与舞蹈紧密结合的经验，适应叙事写景的演出场子的需要，创造出许多偏重

■ 昆剧的念白表演

于描写的舞蹈表演，与"戏"配合，成为故事性较强的折子戏。

■ 昆剧的配合表演

代表性剧目如《西川图·芦花荡》《精忠记·扫秦》《拜月亭·踏伞》《宝剑记·夜奔》《连环记·问探》《虎囊弹·山亭》等。

昆剧的念白也很有特点，由于昆剧是从吴中发展起来的，所以它的语音带有吴侬软语的特点。

其中，丑角还有一种基于吴方言的地方白，如苏白、扬州白等，这种吴中一带的市井语言，生活气息浓厚，而且往往用的是快板式的韵白，极有特色。

昆剧的舞台美术包括丰富的服装式样，讲究的色彩和装饰以及脸谱使用三个方面。

除了继承元明以来戏曲角色服装样式外，昆剧有些服装和当时社会上流行的穿着很为相似。

反映在戏上，武将自有各式戏装，文官也有各样

脸谱 是我国戏曲演员脸上的绘画，用于舞台演出时的化妆造型艺术。脸谱的产生有悠久的历史。其起源于面具，脸谱将图形直接画在脸上，而面具把图形画在或铸在别的东西上面后再戴在脸上。在我国古代，祭祀活动中有巫舞和傩舞，舞者常带面具。

■ 昆剧的唱功表演

依照封建社会阶级等级不同的穿戴。脸谱用于净、丑两行。属于生、旦的极个别人物也偶然采用，如孙悟空、钟无盐，颜色基本用红、白、黑三色。

昆剧艺术已经形成相当完善的体系，而这一体系又长期在我国戏曲中占据独尊地位。

昆剧艺术经过多年的磨合加工，已经成为我国戏曲史上具有最完整表演体系的剧种，它的基础深厚，遗产丰富，所以昆剧艺术被尊为"百戏之祖"。

昆剧在我国文学史、戏曲史、音乐史、舞蹈史上占有重要的地位，许多地方戏都在不同程度上吸收了它的艺术养分，其中还留有部分的昆腔戏。

阅读链接

昆剧继承了南戏的角色行当体制，同时兼收北杂剧之长，以生、旦、净、末、丑、外、贴七行为基础角色，早期作品《浣纱记》反映了昆剧初创时期的角色分行法，即除遵循南戏的七行之外，还借鉴了元杂剧的小末、小旦等设置法，更增设小生、小旦、小末、小外、小净五行，共12行。

昆剧的角色分工随着表演艺术的发展，也越来越细致。嘉、道间，昆剧角色行当，将原有的"江湖十二角色"，与后来出现更细的分工相结合，在生、旦、净、末、丑行当之下，又细分20小行，称作"二十个家门"。

表演才子佳人的越剧

越剧是我国五大戏曲剧种之一，全国第二大剧种。越剧长于抒情，以唱为主，声音优美动听，表演真切动人，唯美典雅，极具江南灵秀之气；多以"才子佳人"题材的戏为主，艺术流派纷呈。

■ 越剧表演

■ 越剧唱书表演

越剧最初是从曲艺落地唱书发展而成。落地唱书是嵊县一带的曲艺形式，早期曲调与佛徒的宣卷调关系密切。在1852年，由嵊县西乡马塘村农民金其炳所创。

1906年清明节，嵊县东王村艺人高炳火、李世泉、钱景松等在村中香火堂前用门板搭成临时戏台，穿上从农民家借来的大布衫、竹布花裙，演出了《十件头》《双金花》等剧。

这是唱书艺人在嵊县本地第一次登台演出，称"小歌文书班"，后简称"小歌班"，以区别于绍兴大班。初始艺人均为半农半艺的男性农民，故称"男班"。

在小歌班初期，表演相当简单，仅把唱书时音分五色的演唱方式，改为演员分成不同角色扮演，演出时以唱为主，动作不多，还保留着明显的说唱艺术痕迹。

在演出实践中，表演艺术主要从两方面丰富：演生活小戏时，多模仿生活动作而略加提炼，如采茶、做针线、扇炉子、煮面条、看花、观景、唤鸡、赶狗；演古装大戏时，则多搬用绍兴大班等剧种的基本程式，如开门、关窗、上楼、撑船、坐轿、骑马等。这一时期的表演尚未形成严格程式。

小歌班后来进入上海，在大世界游乐场演出，第一次挂出了"绍兴文戏"牌子。"绍兴文戏"最突出的一点是音乐和表演上的改革。

艺人魏梅朵等采用板胡、斗子伴奏，在唱腔上吸取了绍剧、余姚清腔、武林调的音乐成分，丰富板式，创制了倒板、快板、清板、还阳调等。

小歌班在上海打响后，组成第一专职乐队，试验用丝弦乐器拉"引子"和"过门"，以后又用丝弦托腔。

唱腔方面则吸收了绍

宣卷 起源于唐宋时期的佛教活动。后来逐渐发展成为一种说唱形式，以江浙沪一带民间最为盛行。讲时用"白"，即散文；唱时用"偈"，也叫"吟"，即韵文，多用当地土语演唱，大多是在庙会、婚礼、祝寿、过生日等喜庆场面亮相。

141

■ 越剧老人表演

文化之光

吴越神韵

■苏州越剧表演

兴大班中的导板、流水、二凡等曲调融化进"吟嗄调"中，使原来散唱的唱腔有慢中板、中板、快板等板式，初步形成了板腔体的音乐体制。

伴奏的丝弦乐器初为板胡，以后改为音乐较柔和的平胡、胡琴定弦为"1—5"，称为"正调"，因此男班绍兴文戏时期也称为"男班丝弦正调"时期。

在表演上借鉴绍剧、京剧的程式技巧等艺术特长，并在剧目、化妆等方面有所改进。从演生活小戏走上演古装大戏的路子。从此男班进入黄金时期。

后来，女子文戏科班大量涌现。因女声音域与男声相差四五度，琴师王春荣根据女演员的嗓音条件，吸取京剧西皮的特点，将丝弦正调以胡琴"6—3"定弦，创造出适合女声的"四工调"。因此，女子绍兴文戏阶段也称作"四工调阶段"。

第一副女班在流动演出中，曾与男班艺人同台。这就是越剧史上的"男女混演"。通过学习男班艺人的技艺和吸收绍兴大班等剧种的长处，女演员在唱腔、表演上都有很大进步。

随着女演员的增多，女班终因扮相俊美，曲调流畅，从而取代了男班，盛行于浙江和上海。之后，"越剧"名称代替"女子文戏"。

越剧早期演出男角多不化妆；男演女角时把脑后的辫子散开，梳成发髻，上搽胭脂和铅粉；有些草台班的女角化妆，两颊用红纸沾水搽腮红，不画眉，或用锅底灰画眉，称"清水打扮"。

进入上海后的初期，向绍剧、京剧学习演传统老戏的水粉化妆法，白粉底，红胭脂，墨膏描眉眼。后来演古装戏仿效绍剧，大花面开脸，小丑画白鼻梁。

四工调 越剧唱腔基本曲调之一。它是女子越剧发展初期形成的一种越剧老调。四工调是在男班"丝弦正调"基础上创建的。四工调对腔句的开掘和板式都有创新，成为越剧板腔中别具一格的基调。其特点是，节奏活泼明快，旋律质朴流畅，清新优美而带有乡土味。

■越剧舞台表演

■ 越剧舞台表演

老生 又称须生、正生，或胡子生。老生主要扮演中年以上的男性角色，唱和念白都用本嗓。老生基本上都是戴三缕的黑胡子，术语称"黑三"。老生一般分为文武两种，从表演的侧重点来划分唱工老生、做工老生、武老生。

男班初期，男演员解开自己头上的辫子梳上发髻插朵花，这是最早的发式与头饰。演古装戏仿照绍剧，用小玻璃管串成排须装饰发髻，在发髻上用顶花装饰。

后来学京剧，包大头，因无条件制备全套"头面"，改用木质或铁皮做成定型水片，很少使用全副头面来装饰演出。自女班诞生后因女演员留有辫子，就用作"包头"的"发帘子"和顶级假发，并与服装的"私彩行头"相配合，学习京剧使用"铜泡包头""水钻包头""点彩包头"所使用的头饰。

在小歌班初期演古装戏中男角，有用庙里泥塑神像的髯口，也有用黑白纱线制成一排当髯口。开始租用演出行头后即采用绍剧的髯口。男班进入上海后采用京剧的髯口，后女班演出仍然沿袭之。

越剧兴起改革后，髯口也开始改良，将髯须改短、改轻。后来，老生不用传统挂须，学习话剧的"粘胡"。后因"粘胡"化妆法既不方便又花时间较多，遂改用铜丝作架子制作各种胡须。

大面需用满腮胡须时不再用"虬髯"，改用"套胡"，小丑不再用"八字胡""吊搭"，而用"夹鼻胡""翘胡"，被统称为"改良胡"。

传统"满口"不见嘴唇，改良胡用粗铜丝弯曲成型，嘴唇外露可见。改良胡须原料以人发和牦牛毛为主，掺入羊毛，后将毛发勾在肉色丝绢或网眼纱上。

阅读链接

越剧被公认的艺术流派有6个：

袁雪芬的"袁派"，她主要师承王杏花，唱腔纯朴委婉，情真意切，表演端庄沉静，重视体现真情实感，塑造的多为善良、温淑的女性形象。

傅全香的"傅派"，她主要师承施银花和京剧艺术家程砚秋，唱腔跳跃跌宕，表演活泼多姿，塑造的多是热情、痴情的女子形象。

戚雅仙的"戚派"，从"袁派"演化而来，唱腔迂回沉郁，表演自然大方，塑造的多是悲剧形象。

尹桂芳的"尹派"，唱腔流畅深沉，表演潇洒儒雅，塑造的多为风流倜傥的书生形象。

范瑞娟的"范派"，唱腔富有男性美，质朴醇厚，表演富生活气息，擅演耿直憨厚的男子。

徐玉兰的"徐派"，唱腔华丽奔放，表演充满活力，以塑造深情的书生才子见长。

除了这6个公认的流派之外，旦角中的王文娟、吕瑞英、金采凤、张云霞，小生中的陆锦花、毕春芳，老生中的张桂凤、徐天红、吴小楼、商芳臣，都有与众不同的风格。

经久不衰的苏州评弹

　　苏州评弹是苏州评话和苏州弹词的合称，俗称"说书"，是用苏州方言进行说唱、表演的地方曲种。

　　评弹博采小说、诗歌、戏曲、音乐等表现手法之长，形成一套以

苏州评弹表演

苏州评弹壁画

说、噱、弹、唱为主的综合艺术，语言生动，通俗易懂，是艺苑中一枝经久不衰的鲜花。

苏州评弹，大约形成于明末清初。

至明代，开始强调说书人要进入角色，说书时要"我即成古，笑啼皆一"。

清代以后评弹进一步吴语化，在说表上有官白、私白之分，唱腔也逐渐地方化，尽量采用本地区流行的"费伽调""平湖调"等。

至清代乾隆以后，苏州评弹出现了兴盛的局面，艺人王周士着手调整了评弹界，并成立了光裕公所。自此以后苏州评弹事业欣欣向荣。

苏州弹词的艺术传统非常深厚，技艺十分发达。

讲究"说噱弹唱"。"说"指叙说；"噱"指"放噱"即逗人发笑；"弹"指使用三弦或琵琶进行伴奏，既可自弹自唱，又可相互伴奏和烘托；"唱"指

平湖调 又称"越郡南词"，简称"绍兴平调"，是流行于浙江绍兴及其周围地区的一种曲艺形式。相传这一曲艺初创于明代初期，成型于清代初期。绍兴平湖调的表演方式为一人自弹三弦说唱，以唱为主，间有说白。

■ 茶馆评弹表演

琵琶 被称为"民乐之王""弹拨乐器之王""弹拨乐器首座",拨弦类弦鸣乐器。木制,音箱呈半梨形,上装四弦,原先是用丝线,用钢丝、钢绳、尼龙制成。颈与面板上设用以确定音位的"相"和"品"。演奏时竖抱,左手按弦,右手五指弹奏。

演唱。其中"说"的手段非常丰富,有叙述,有代言,也有说明与议论。

艺人在长期的说唱表演中形成了诸如官白、私白、咕白、表白、衬白、托白等功能各不相同的说表手法与技巧,既可表现人物的思想活动、内心独白和相互间的对话,又可以说书人的口吻进行叙述、解释和评议。

艺人还借鉴昆曲和京剧等的科白手法,运用嗓音变化和形体动作及面部表情等来"说法中现身",表情达意并塑造人物。

在审美追求上,苏州弹词讲求"理、味、趣、细、技"。"理者,贯通也。味者,耐思也。趣者,解颐也。细者,典雅也。技者,工夫也"。

民间称评话为大书,弹词为小书。大书开讲武侠、公案之类故事;小书以弹唱才子佳人为主题的故事。苏州评弹有说有唱，大体可分3种演出方式，即一人的单档，两人的双档，三人的三个档。演员均自弹自唱，伴奏乐器为小三弦和琵琶。

唱腔音乐为板式变化体，主要曲调为能演唱不同风格内容的"书调"，同时也吸收许多曲牌及民歌小调，如"费伽调""乱鸡啼"等。"书调"是各种流派唱腔发展的基础，它通过不同艺人演唱，形成了丰富多彩的流派唱腔。

苏州评话是用苏州方言讲故事的口头语言艺术。

其语言由第一人称即说书人的语言和第三人称，即故事中人物的语言两部分组成，而以前者为主。这就和戏剧白言有质的区别。它是讲故事，而不是演故事。

第一人称语言称表，第三人称语言称白，表和白以散文为主，多说不唱。但也有用作念诵的一小部分

曲牌 传统填词制谱用的曲调调名统称。俗称"牌子"。古代词曲创作，原是"选词配乐"，后来逐渐将其中动听的曲调筛选保留，依照原词及曲调的格律填制新词，这些被保留的曲调仍多沿用原曲名称。明代以前所形成的戏曲声腔，如昆山腔、弋阳腔，以及由明清俗曲发展成的戏曲剧种，大多以曲牌为唱腔的组成单位，通称作"曲牌体"唱腔。

■ 苏州评弹表演

说书 曲艺名词。一般指只说不唱的曲艺，如宋的讲史、元的评话，以及现代的苏州评话、北方评书等。有时也作广义使用，兼指某些有说有唱的曲艺，如弹词、蒙语说书等。陕北说书是由最初盲人行乞、谋生的一种手段逐渐演变而来的。苏州评话源于宋代的说话伎艺。

■ 茶馆评弹琵琶

韵文，包括赋赞、挂口、引子和韵白等。赋赞用以描景、状物和渲染、烘托人物的心理状态及性格特征。

挂口是人物的自我介绍。引子是说书人的书情介绍或点题。韵白是韵文的表或白或铺叙情节，或总结前段书情。

苏州评话很注重噱，有"噱乃书中之宝"的说法。人物性格和情节的矛盾展开中产生的喜剧因素，叫"肉里噱"。用作比仿、衬托、借喻和解释性的穿插，叫"外插花"。与此相类似，用只言片语来引起听众的笑声，叫"小卖"。

评话的表演包括"手面"和"面风"。这种动作和表情，也分说书人的和故事中人物的两大类。说书人的动作和表情，是解释性的，并用以表达说书人的喜怒哀乐和爱憎态度。

故事中人物的动作和表情，由说书人用近似故事中人物的语言，包括语音和语调来讲话，叫做"起角色"。起角色是对故事中人物的模仿，而不是演员以

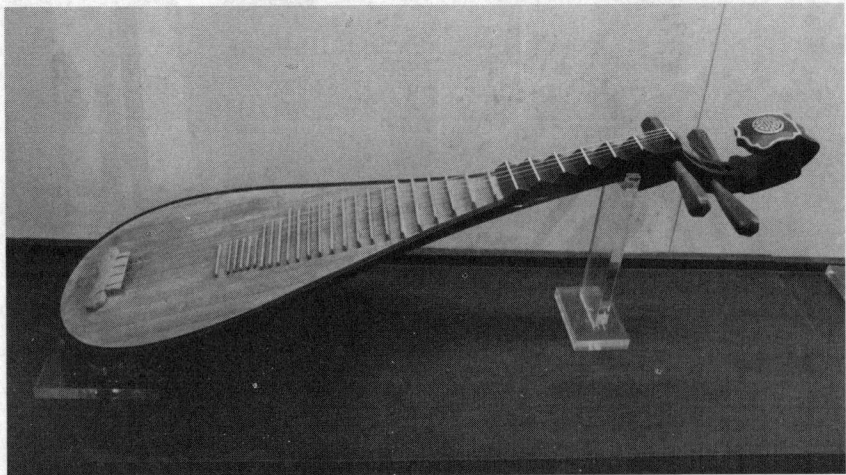

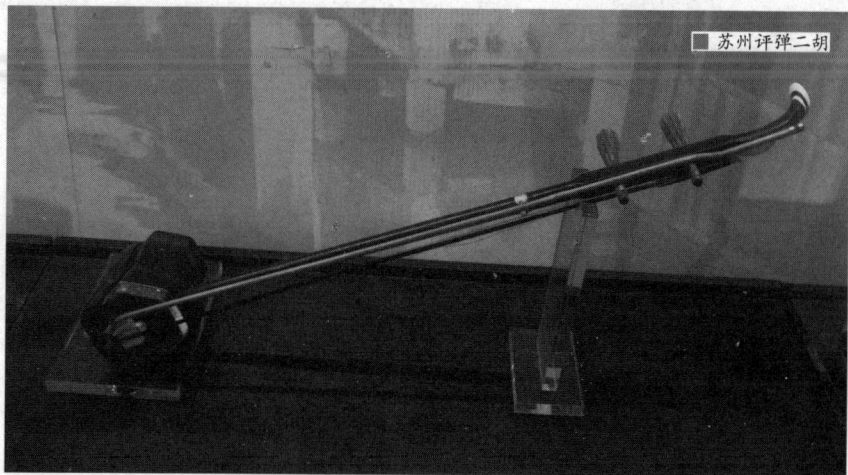
苏州评弹二胡

故事中人物的面目出现，"登场面依然我"。

说书人在书台上，始终是以演员身份出现的。这和戏剧的表演，也有质的不同。

评话的演出，因演员的说法、语言、起角色等方面的不同特色，形成了不同的风格和流派。

如有的演员说法严谨，语言经反复锤炼后基本固定，叫做"方口"。有的随机应变，舌底生花，善于即兴发挥，适应不同的听众而随心变化，叫做"活口"。

有的演员说表语如联珠，铿锵有力，为"一口干"或"快口"；相反，则为"慢口"。有的演员以说表见长，少起角色，则为"平说"。有的以演某个角色见长，如有"活关公""活周瑜""活鲁智深"等美称。

苏州评话都是讲长篇故事，分回逐日连说。每天说一回，每回约一个半小时。能连说几个月，长的可达一年半载。这种长篇连说的特点，形成了评话特殊的结构手法。

单线顺叙，用未来先说、过去重谈的方法前后呼应。用"关子"来制造悬念，以吸引听众。

苏州弹词的演出地域，南不出浙江嘉兴，西不过常州，北不越常熟，东也超不过上海松江。地域小，艺人多，听众要求不一，迫使艺人在创新书、新腔、新的表演风格等方面去做各种探索。

清代同治、光绪年间，苏州评弹发展史中的"后四名家"。这四名家中，三家为弹词艺人，他们使苏州弹词确立了自己的艺术体制：

书词中的散文部分，用"说"来表现；叙述和描写故事中人物的行为、思想和活动环境，称为"表"；人物语言叫"白"；书词中以七字句为主的韵文，用三弦、琵琶自弹自唱，相互伴奏，称"唱"和"弹"；在故事中穿插喜剧因素，称作"噱"；演员模仿故事中人物的表情、语言、语调及某些动作，称"演"或"学"，也称"做"。

苏州弹词的表演通常以说为主，说中夹唱。唱时多用三弦或琵琶伴奏，说时也有采用醒木作为道具击节拢神的情形。

演唱采用的音乐曲调为板腔体的说书调，即所谓"书调"。因流传中形成了诸多的音乐流派，故"书调"又被称之为"基本调"。

早期演出多为一个男艺人弹拨三弦"单档"说唱，后来出现了两个人搭档的"双档"和三人搭档的"三个档"表演。

阅读链接

乾隆帝南巡时，召姑苏弹词名家王周士说书，后随驾进京御前弹唱，并赐七品顶戴，被后人誉为"御前弹唱，七品书王"。

而后发起创建"光裕公所"，供奉三皇祖师，制订行规行风，对外保护艺人权益，对内调整关系，提倡尊师礼让，吉庆佳节举行会书，切磋书艺，培植后学，提倡公益事业，设立裕才学校。

光裕社为提高评弹艺人的地位和评弹艺术的发展奠定了基础，是评弹界成立最早，参加演员最多，存在时间最长，对评弹艺术发展作用最大的行会组织。光裕社名家辈出，流派纷呈，素有"千里书声出光裕"之美誉。